ACCESO GRATIS *a la Lectura en la Nube*

Para visualizar el libro electrónico en la nube de lectura envíe junto a su nombre y apellidos una fotografía del código de barras situado en la contraportada del libro y otra del ticket de compra a la dirección:

ebooktirant@tirant.com

En un máximo de 72 horas laborales le enviaremos el código de acceso con sus instrucciones.

La visualización del libro en **NUBE DE LECTURA** excluye los usos bibliotecarios y públicos que puedan poner el archivo electrónico a disposición de una comunidad de lectores. Se permite tan solo un uso individual y privado

MODALIDAD 40 PARA LA PENSIÓN DE ACUERDO A LA LEY DEL SEGURO SOCIAL 1973

Procedimiento de selección de originales, ver página web:
www.tirant.net/index.php/editorial/procedimiento-de-seleccion-de-originales

MODALIDAD 40 PARA LA PENSIÓN DE ACUERDO A LA LEY DEL SEGURO SOCIAL 1973

M. I. Laura Estela Páez Rivas

tirant lo blanch
Ciudad de México, 2024

En caso de erratas y actualizaciones, la Editorial Tirant Humanidades publicará la pertinente corrección en la página web www.tirant.com/mex/.

Este libro será publicado y distribuido internacionalmente en todos los países donde la Editorial Tirant lo Blanch esté presente.

DISTRIBUYE: TIRANT LO BLANCH MÉXICO
Av. Tamaulipas 150, oficina 502
Hipódromo, Cuauhtémoc, 06100, Ciudad de México
TELFS.: +52 1 55 65502317
infomex@tirant.com
www.tirant.com/mex/
www.tirant.es
Librería virtual: www.tirant.es
ISBN: 978-84-1071-459-5

Si tiene alguna queja o sugerencia, envíenos un mail a: *atencioncliente@tirant.com*. En caso de no ser atendida su sugerencia, por favor, lea en *www.tirant.net/index.php/empresa/politicas-de-empresa* nuestro procedimiento de quejas.

Responsabilidad Social Corporativa: *http://www.tirant.net/Docs/RSCTirant.pdf*

Dedicatorias

Con toda mi alma dedico esta investigación a Dios, por darme la vida, y las herramientas necesarias para poder llegar a esta fase de mi vida, que para mí era algo inalcanzable, gracias a que siempre está a mi lado y en repetidas ocasiones me ha hecho sentir su presencia.

A mi madre, por su apoyo, a mi abuelita Silvestra, porque ella siempre demostró su interés en mi preparación, sé que desde el lugar en donde se encuentre siempre participa de mis logros.

A mis hermanos, Lourdes, Manuel, Lily a todos mis sobrinos que son el gran motor de mi vida, porque siempre están a mi lado.

A todos mis amigos y compañeros de trabajo, que estuvieron al pendiente durante todo este proceso.

A cada maestro que he tenido, por compartir sus conocimientos y sabiduría para poderlos trasmitir, a los que todavía forman parte de la vida y a los que ya se me adelantaron, como es el caso de los Mtros. Ernesto Manzano, Enrique Estrada.

A cada asesor, sinodal, compañeros de estudio; en este gran sueño difícil de cumplir, pero con el apoyo que he recibido de todos ellos se pudo realizar.

Índice

Introducción

El presente trabajo tiene como base fundamental el análisis de las pensiones, que otorga el IMSS a los derechohabientes de la Ley del Seguro Social (LSS) 1973 , conocida como " Sistema de Beneficio Definido", durante los años que le quedan de permanencia en México bajo el esquema de la Modalidad 40, pueden apegarse a dicho beneficio, de acuerdo a los lineamientos de la LSS 1997, que a la fecha es la que está vigente, todo esto es con la finalidad de lograr una pensión acorde a las expectativas de cada persona que tiene conocimiento de esta y también con relación a los recursos que esté dispuesto a invertir.

La Modalidad 40, aplica tanto para ley del Seguro Social vigente conocida como LSS 1997, y para la LSS 1973, sin embargo, los que a la fecha la están implementando son los derechohabientes que se encuentra en el esquema de pensión de beneficio definido, que son todos los trabajadores que se inscribieron en el IMSS, antes del 1 de julio de 1997, cabe señalar que beneficio definido se conoce porque las aportaciones de las nuevas generaciones financian los importes de los pensionados.

En el capítulo primero se desarrollan las bases legales para adherirse a dicha modalidad; lo que se tiene que contemplar para tomar una buena decisión con base en la antigüedad que se tenga como sujeto asegurado ante el IMSS, con respecto al número de semanas cotizadas, la fecha que se tiene sin cotizar como derechohabiente en el IMSS; y se presentan varios cálculos de pensión con diferentes números de semanas cotizadas, para analizar la importancia que juegan varios factores para el incremento de la pensión a recibir una vez que se cumplan los requisitos en la LSS 1997, con la determinación del plazo para recuperar los importes invertidos durante el periodo de contratación de dicha modalidad.

Por último, se menciona el impacto que se tendrá con relación al incremento gradual de las cuotas en las ramas de cesantía en edad avanzada y vejez, operable a partir del 1ro. de enero de 2023 hasta el año de 2030.

En el capítulo segundo se desarrollan los antecedentes históricos del surgimiento de la Ley del Seguro Social, en 1921, comienza a discernirse la necesidad de brindar seguridad social a los trabajadores. En el año de 1943. En este apartado se habla de la evolución que desde ese año hasta la actualidad ha tenido cambios operados en estos 80 años.

Se comenta que la seguridad social es un derecho laboral encaminado a brindar bienestar, protección a los trabajadores y a sus dependientes económicos, así como los principios en materia de seguridad social que debe reunir un sistema de seguridad social, las modalidades de aseguramiento y tipos de seguro que cubren, dando un mayor énfasis a la Modalidad 40.

La sostenibilidad del sistema de pensiones bajo el beneficio definido de la LSS 1973, y su repercusión en la economía nacional ya que para el año 2050, 17 de cada 100 personas serán adultos mayores, para esa fecha, la mayor parte de los derechohabientes recibirá el tipo de pensión mencionada, con cargo al erario público, así como al Producto Interno Bruto (PIB), tomando en cuenta los años de vigencia que le quedan a la norma, también conocida como ley de transición.

Se analizan los ingresos que recibe el IMSS por parte de las Administradora de Fondo para el Retiro (AFORES), con relación al ahorro que los trabajadores tienen en su cuenta individual al momento de pensionarse.

El método aplicado para el desarrollo de la presente investigación es de manera cualitativa, derivada del análisis de la información obtenida por parte de los especialistas en el tema de seguridad social y de los derechohabientes. Se expresan los resultados de manera clara resaltando la información obtenida como respuesta diferente a la mayoría, circunstancia que convierte en un tema interesante de análisis.

En el capítulo tercero, se menciona el enfoque de la investigación, tipo de investigación propuesta, método de investigación, justificación del método y descripción del método.

Resultados de las encuestas, entrevistas y cuestionarios que se aplicaron para dar validez a la investigación.

En el capítulo cuarto, se describen las conclusiones de las encuestas, entrevistas y cuestionarios y se dan las conclusiones generales.

Resumen

Se investigó las estrategias para la sostenibilidad de las pensiones bajo el beneficio definido en México, para lograr el propósito de la investigación se aplicaron encuestas, cuestionarios y entrevistas para con ello saber el enfoque de conocimientos y experiencias en el tema mencionado. El método para la presente investigación fue el etnográfico el cual se desarrolló en base a sus experiencias y percepciones de los individuos consultados sobre el presente tema de investigación, en donde se demuestra el discernimiento de los derechohabientes del IMSS, con relación a los beneficios que tienen por la contratación de la Modalidad 40, así como la sostenibilidad de las pensiones bajo el sistema de beneficio definido.

Con las entrevistas a profesionistas con altos conocimientos en el esquema de pensiones, en relación a la percepción que se tiene de cómo se está utilizando el beneficio de la Modalidad 40, concluyeron que la gran mayoría que lo contrata lo hace sin tener una correcta planeación, razón por la cual las autoridades del IMSS, les niegan la pensión por que les detectan que existe simulación, en la recuperación de las semanas cotizadas para poder adherirse a dicho esquema.

También ya se han implementado nuevas modalidades para que a los que les aplique la LSS 1973, puedan retomar de forma más trasparente la recuperación de sus semanas cotizadas a través de la Modalidad de trabajadores independientes o bien en el caso de los trabajadores del hogar, dichas modalidades a diferencia de la Modalidad 40, le cubren todas las ramas del IMSS.

En los tres instrumentos de investigación que se aplicaron surge la incertidumbre, de que el Estado aplique estrategias suficientes, para la sostenibilidad de las pensiones bajo el beneficio definido durante el tiempo que dure dicho compromiso, para todos los pensionados bajo dicho esquema.

Lo anterior es derivado porque el pago de las pensiones bajo el esquema de beneficio definido, o los derechohabientes de la LSS 1973, la obligación todavía tiene muchos años de permanencia, la mayor parte de los recursos necesarios para afrontar dicha responsabilidad es cubierta por el Estado, en relación a la recaudación de impuestos.

Palabras clave: Instituto Mexicano del Seguro Social, pensión, Modalidad 40, sostenibilidad, estrategias.

Abstract: The strategies for the sustainability of defined-benefit pensions in Mexico were investigated in order to achieve the research objective. Surveys, questionnaires, and interviews were conducted to understand the knowledge and experiences related to the mentioned topic. The research method employed was ethnographic, based on the experiences and perceptions of the individuals consulted regarding the present research theme. This demonstrates the understanding of IMSS beneficiaries regarding the benefits they receive from contracting Modality 40, as well as the sustainability of pensions under the defined-benefit system.

Through interviews with professionals highly knowledgeable in the pension scheme, regarding the perception of how Modality 40 is being utilized, it was concluded that the majority of those who contract it do so without proper planning. As a result, IMSS authorities deny their pension because they detect simulation in the recovery of the contributed weeks required to join that scheme.

New modalities have also been implemented to enable those covered by LSS 1973 to transparently recover their contributed weeks, either through the Modality for self-employed workers or in the case of domestic workers. Unlike Modality 40, these modalities cover all branches of IMSS.

The three research instruments applied reveal uncertainty regarding whether the State is implementing sufficient strategies for the sustainability of pensions under the defined-benefit system throughout the duration of the commitment for all pensioners under this scheme.

This is due to the fact that the obligation to pay pensions under the defined-benefit scheme or for LSS 1973 beneficiaries will extend into the next century. The majority of the resources necessary to meet this responsibility are covered by the State through tax revenues.

Keywords: Mexican Social Security Institute, pension, Modality 40, sustainability, strategies.

Capítulo I

Planteamiento del problema

1.1 CONTEXTO

El 1 de enero de 1944 da comienzo la operación de una de las instituciones con mayor relevancia en el país, el Instituto Mexicano del Seguro Social (IMSS) (CNDH, s.f.). buscando construir una seguridad social integral para los trabajadores. Su operación inició en la capital de la República, la actual Ciudad de México (anteriormente conocida como Distrito Federal). Con el paso del tiempo se generalizó de tal suerte que todos los trabajadores de México tuvieron el derecho a ser sujetos de aseguramiento y gozar de los beneficios otorgados por el IMSS.

Uno de los beneficios que otorga el instituto en cuestión es el relativo al seguro de Invalidez, Vejez, Cesantía en Edad avanzada y Muerte (IVCM), mismo en la que se enfoca la presente investigación.

El pago de las cuotas al IMSS e Instituto Nacional del Fondo de la Vivienda para los trabajadores (INFONAVIT), también conocidas como cuotas obrero-patronales, se refiere al total de aportaciones que deben hacerse en el ámbito de Seguridad Social (SS), para el sostenimiento de ambos institutos con el fin de estar en posibilidades de cubrir las necesidades de seguridad social establecidas en las leyes respectivas. El pago se realiza de manera tripartita entre los trabajadores, patrones y el Estado. Cada uno tiene establecidos los porcentajes de aportación según las legislaciones del IMSS e INFONAVIT. El pago de estas cuotas asegura al trabajador tres grandes beneficios: salud, retiro y vivienda.

Desde el inicio de la LSS, en el año 1943, se han presentado diversos cambios y adecuaciones, así como se han realizado implementaciones de beneficios al sistema de pensiones. Los cambios más significativos fueron los realizados en el año de 1973, año en que se abroga la LSS 1943 y se sustituye por la LSS 1973, misma que en su artículo 138 señala que "para tener derecho al goce de las prestaciones del seguro de vejez, se requiere que el asegurado haya cumplido sesenta y cinco años de edad y tenga reconocidas por el Instituto un mínimo de quinientas cotizaciones semanales" (LSS, 1973).

En el artículo 138 de la LSS, en el apartado de vejez, la edad de 65 años, las quinientas semanas de cotización y la privación del trabajo remunerado eran condiciones necesarias para tener acceso a una pensión, sin embargo, en el artículo 145 existía la posibilidad de pensionarse por el seguro de cesantía en edad avanzada a partir de los sesenta años (LSS, 1973).

En cuanto a las diferencias de edad para el otorgamiento de la pensión, el artículo 171 de la LSS, dice lo siguiente:

> Artículo 171. Al asegurado que reúna las condiciones para el otorgamiento de la pensión de cesantía en edad avanzada, le corresponde una pensión cuya cuantía se calculará de acuerdo con la siguiente tabla:

Años cumplidos en la fecha en que se adquiere el derecho a recibir la pensión	Cuantía de la pensión expresada en % de la cuantía de la pensión de vejez que le hubiera correspondido al asegurado de haber alcanzado 65 años
60	75%
61	80%
62	85%
63	90%
64	95%

Se aumentará un año a los cumplidos cuando la edad los exceda en seis meses.
Fuente: (LSS, 1973)

Este, por lo tanto, si un trabajador queda privado de la relación laboral a los 60 años cumplidos y cubre los demás requisitos establecidos en la LSS 1973, puede recibir una pensión, no obstante, esta no será otorgada al 100% del monto de la pensión que le corresponde, sino que dicha pensión de Cesantía en Edad Avanzada será cubierta con los porcentajes que se muestran en la Tabla del Artículo 171 de la LSS 1973.

Con respecto al procedimiento que se aplica para la determinación del monto de la pensión que se otorgará, la Sección Octava de la LSS 1973, fija las bases, el artículo es el siguiente:

> Artículo 167. Las pensiones anuales de invalidez y de vejez se compondrán de una cuantía básica y de incrementos anuales computados de acuerdo con el número de cotizaciones semanales reconocidas al asegurado con posterioridad a las primeras quinientas semanas de cotización.
>
> La cuantía básica y los incrementos serán calculados conforme a la siguiente tabla:

VECES EL SALARIO MÍNIMO GENERAL PARA D.F. HASTA 1	PORCENTAJE DE CUANTÍA BÁSICA %	LOS SALARIOS INCREMENTO ANUAL %
de 1.01 a 1.25	80.00	0.563
de 1.26 a 1.50	77.11	0.814
de 1.51 a 1.75	58.18	1.178
de 1.76 a 2.00	49.23	1.430
de 2.01 a 2.25	42.67	1.615
de 2.26 a 2.50	37.65	1.756
de 2.51 a 2.75	33.68	1.868
de 2.76 a 3.00	30.48	1.958
de 3.01 a 3.25	27.83	2.033
de 3.26 a 3.50	25.60	2.096

de 3.51 a 3.75	23.70	2.149
de 3.76 a 4.00	22.07	2.195
de 4.01 a 4.25	20.65	2.235
de 4.26 a 4.50	19.39	2.271
de 4.51 a 4.75	18.29	2.302
de 4.76 a 5.00	17.30	2.330
de 5.01 a 5.25	16.41	2.355
de 5.26 a 5.50	15.61	2.377
de 5.51 a 5.75	14.88	2.398
de 5.76 a 6.00	14.22	2.416
de 6.01 a límite	13.62	2.433
superior establecido	13.00	2.450

Fuente: (LSS, 1973)

Para explicar el procedimiento que menciona el artículo 167 de la LSS 1973, se realiza la determinación de la pensión de un trabajador, considerando que esta se tramita en el mes de enero de 2023 de acuerdo con lo siguiente:

Salario diario promedio de las últimas 250 semanas:

(250 "semanas" X 7, "días) = 1,750 días)

Considerando que el total de sueldo de los 1,750 días es de $ 2´712,500.00, se dividen entre los 1,750 días, el resultado es el salario promedio de $ 1,550.00.

Los datos hipotéticos para este ejemplo son:

- Edad del trabajador: 63 años 6 meses 1 día, (se considerarán 64 años, en base a lo que se menciona en el último párrafo del artículo 171 de la LSS 1973)
- Total, de semanas cotizadas en el IMSS 1,262

- Sueldo promedio de los últimos 1,750 días laborados previos al trámite de la pensión $ 1,550.00.

Sí tiene conyugue.

Figura 1. Determinación de la pensión de acuerdo al procedimiento del artículo 167 LSS 1973

Paso No. 1.- Salario Diario promedio Entre el Salario Mínimo General, de acuerdo a lo que se menciona en la LSS 1973 y LSS 1997, se aplica la Unidad de Medida Actualizada (UMA) publicado por parte del IMSS (Folio 6/2016-2017, aplicación de la UMA en materia de Seguridad Social)	$ 1,550.00
UMA (2022)	96.22
Resultado veces salario mínimo/UMA	16.11
Le corresponde la cuantía básica artículo 167 LSS 1973	13%
Porcentaje de incrementos	2.450 %
Determinación de la cuantía básica Salario promedio	$ 1,550.00
Por el total de días del año	365
Igual a base anual	$ 565,750.00
Por la cuantía básica	13%
Igual a Pensión cuantía básica	$ 73,547.50

Paso No. 2.- Determinación de los incrementos. Total, semanas cotizadas	1,262
Menos las semanas requeridas LSS 1973	500
Igual a excedente en semanas	762
Entre las semanas que corresponden a un año	52
Igual a los incrementos a considerar	14.65
La base anual	$ 565,750.00
Por el porcentaje de incrementos	2.450%

Igual a incremento anual previo	$ 13,860.88
Por el número de incrementos, penúltimo párrafo artículo 167 LSS 1973	15
Igual a pensión considerando los incrementos	$ 207,913.20
Mas la pensión cuantía básica (paso 1)	$ 73,547.50
Suma cuantía básica más incrementos	$ 281,460.70
Paso 3. Pensión de acuerdo con la edad. Art. 171 LSS 1973 Por el porcentaje (se aumenta un año porque excede de seis meses los años cumplidos)	95%
Pensión por recibir	$ 267,387.67
Por el factor publicado (DOF 20/12/2001, y modificado el 5 enero de 2004)	1.11
Igual a pensión actualizada	$ 296,800.31
Paso 4.- Más asignaciones familiares **	15%
Conyugue (fracción I artículo 164 LSS 1973)	$ 44,520.05
Igual a pensión total anual	$ 341,320.36
Paso 5.- Pensión mensual a recibir La pensión total anual se divide entre los meses del año.	12
Igual a pensión mensual	$ 28,443.36

Fuente: Elaboración propia con los datos de: la LSS, 1973.

La pensión que le corresponderá al trabajador, que, durante las últimas 250 semanas previas a tramitar su pensión, tenía un sueldo diario de $ 1,550.00, equivalente de $ 46,500.00 mensuales, y pensión asciende a $ 28,443.36, al momento de retirarse de su vida laboral, sus ingresos disminuyen en $ 18,056.64, es decir, se retira con un factor de reemplazo del 61.17%, con relación al sueldo promedio de su última etapa laboral. **¿Qué estrategia se tendría que implementar para que este trabajador, se retire de su vida laboral con un monto mayor de pensión?**

Con relación a la determinación de la pensión de la figura No. 1, qué pasa si un trabajador, que cotizó en el IMSS, durante la mayor parte de su trayectoria laboral con un sueldo tope de aseguramiento consistente en veinticinco veces el Salario Mínimo General que rija en el Distrito Federal, ahora Ciudad de México, de acuerdo a lo que señala el artículo 33 de la LSS 1973, y por circunstancias de enfermedad, pierde su trabajo los últimos 7 años previos a que tenga derecho a tramitar su pensión.

Una vez que recobra la salud, encuentra trabajo y cotiza con un salario mínimo las últimas 250 semanas previas a tramitar su pensión, porque su desempeño laboral disminuye, entonces la pensión que recibirá será significativamente inferior a lo que percibiría de haber continuado con una remuneración mayor a 25 veces la UMA mensuales. En este caso el trabajador durante su vejez verá un decremento significativo con relación a los ingresos que tenía antes de la enfermedad que lo llevó a cotizar con salario mínimo 5 años previos a la fecha en que tramita la pensión. **¿Cómo se podrá evitar, que las últimas doscientas cincuenta semanas, previas a la pensión, los sueldos con los que se cotice en el IMSS no sean significativamente inferiores con relación a los sueldos con los que se cotizó durante la mayor parte de la vida laboral?**

Este efecto tendría el trabajador que se menciona en el párrafo anterior, en caso de no haber tenido conocimiento de los esquemas que se explican a continuación:

Desde el inicio de la LSS, publicada en el Diario Oficial de la Federación (DOF) 19 de enero de 1943, se estableció un esquema para la Continuación Voluntaria en el Régimen Obligatorio, los artículos que hacen referencia a este esquema son:

> Artículo 93.- El asegurado que después de haber cubierto cien cotizaciones semanales deje de estar obligado al seguro, puede continuar voluntariamente en el mismo, cubriendo los aportes patronal y obrero correspondientes al grupo de salario al que pertenecía en el momento de su última cotización, o al grupo inmediato inferior. (LSS, 1943)

> Artículo 94.- El derecho al que se refiere el artículo anterior, se pierde si el asegurado no lo ejercita en un plazo de doce meses, contados desde que dejó de estar obligado al seguro, así como si deja de pagar los aportes durante 12 meses continuos, (LSS,1943).

Después en la LSS de 1973, publicada el 12 de marzo de 1973 en el DOF, esta misma opción se legisla en el Capítulo VII, De la Continuación Voluntaria en el Régimen Obligatorio, en el siguiente artículo que a la letra dice:

> Artículo 194.- El asegurado con un mínimo de cincuenta y dos cotizaciones semanales acreditadas en el régimen obligatorio, al ser dado de baja tiene el derecho a continuar voluntariamente en el mismo, bien sea en los seguros conjuntos de Enfermedades y maternidad y de invalidez, vejez, cesantía en edad avanzada y muerte, o bien en cualquiera de ambos a su elección, pudiendo quedar inscrito en el grupo de salario a que pertenecía en el momento de la baja o en el grupo inmediato inferior o superior. El asegurado cubrirá íntegramente las cuotas obrero patronales respectivas y podrá enterarlas por bimestre o anualidades adelantadas. (LSS, 1973)

Posteriormente, aparece en la Ley del Seguro Social de 1997 (LSS,1997), publicada en el DOF, el 21 de diciembre de 1995, en el Capítulo VIII, de la Continuación Voluntaria en el Régimen Obligatorio, el siguiente artículo que a la letra dice:

> Artículo 218. El asegurado con un mínimo de cincuenta y dos cotizaciones semanales acreditadas en el régimen obligatorio, en los últimos cinco años, al ser dado de baja, tiene derecho a continuar en los seguros conjuntos de invalidez y vida, así como de retiro, cesantía en edad avanzada y vejez, debiendo quedar inscrito con el último salario o superior al que tenía en el momento de la baja. El asegurado cubrirá las

cuotas que le corresponden por mensualidad adelantada y cotizará de la manera siguiente:

a) Respecto del seguro de retiro, cesantía en edad avanzada y vejez, el asegurado cubrirá por cuanto hace al ramo primero, la totalidad de la cuota y por los otros dos ramos cubrirá el importe de las cuotas obrero patronales, debiendo el Estado aportar la parte de cuota social que conforme a esta Ley le corresponda; y

b) En el seguro de invalidez y vida el asegurado cubrirá las cuotas obrero patronales y el Estado la parte que le corresponda de acuerdo a los porcentajes señalados en esta Ley.

Adicionalmente, el asegurado deberá cubrir las cuotas que corresponderían al patrón y al trabajador, señaladas en el párrafo segundo del artículo 25 de esta Ley.

Artículo 219. El derecho establecido se pierde si no se ejercita mediante solicitud por escrito dentro de un plazo de cinco años a partir de la fecha de baja.

Artículo 220. La continuación voluntaria del régimen obligatorio termina por:

I. Declaración expresa firmada por el asegurado;

II. Dejar de pagar las cuotas durante dos meses; y

III. Ser dado de alta nuevamente en el régimen obligatorio, en los términos del artículo 12 de esta Ley.

El asegurado podrá solicitar por escrito su reingreso al régimen obligatorio del Seguro Social a través de la continuación voluntaria, cuando hubiese causado baja por falta de pago de las cuotas de dos meses consecutivos. La solicitud deberá formularse dentro de los doce meses siguientes a la fecha de su baja en la continuación voluntaria.

Artículo 221. La conservación de derechos se rige por lo establecido en los capítulos relativos al régimen obligatorio. (LSS, 1997).

Entre la LSS de 1943, y la LSS 1973, son mínimos los cambios en los artículos que menciona dicha modalidad, pero en donde queda bien especificados los lineamientos de los artículos correspondientes a la Modalidad 40, es en la LSS 1997, vigente, según se puede leer en los artículos que se trascribieron.

En la actualidad, la Continuación Voluntaria en el Régimen Obligatorio (COVORO) se conoce como "Modalidad 40". (Villalobos , 2021).

En los años anteriores a la última modificación en la LSS 1997, los trabajadores, que no percibían un trabajo remunerado sujeto al aseguramiento en el IMSS, por un periodo de tiempo prolongado no participaban de los beneficios otorgados por los artículos 93 y 94 de la LSS 1943, y 194 de la LSS 1973.

A partir del año 1997, los trabajadores que pertenecen a la LSS 1973, o bien los trabajadores en transición, aquellos que empezaron a cotizar en el IMSS antes del 1ro. de julio de 1997, y que reúnen los requisitos mencionados en el artículo 218 de la LSS 1997, tienen la oportunidad de inscribirse en la COVORO, Modalidad 40.

La finalidad de contratar la modalidad 40, tiene pertinencia, para:

- 1.- Las personas de 55 años que terminan su relación laboral, dado que todavía no cumplen con el requisito, de acuerdo al artículo 171 de la LSS 1973, para obtener una pensión.
- 2.- Aquellas que aún, no cuentan con las quinientas semanas cotizadas necesarias en la LSS 1973, para que puedan tramitar su pensión, esta situación es aplicable para quiénes no cuenten con una relación laboral que no haya transcurrido más de 6 años sin cotizar en el IMSS.
- 3.- Las personas de 55 años o más, que tengan por lo menos ochocientas semanas cotizadas y terminan su relación laboral, pero durante toda su trayectoria laboral cotizaron en el IMSS con menos de, dos SMGDF, tienen

el beneficio de cotizar con un salario superior al que venían cotizando esto de acuerdo a lo que se menciona en el artículo 218 de la LSS 1997. En este caso se puede afiliar con una base de cotización de hasta veinticinco SMGDF, esto les permite mejorar el salario promedio de las últimas doscientas cincuenta semanas cotizadas de acuerdo al artículo 167 de la LSS 1973. **¿Por qué se menciona un mínimo de ochocientas semanas cotizadas, para que sea conveniente contratar la Modalidad 40?**

“Es importante comentar que en esta modalidad no se tiene derecho a la asistencia médica, pero en caso de necesitarla, una opción es contratar la modalidad 33, conocida como Seguro de Salud para la Familia”. (Cortés, 2020, p. 70)

Con relación al punto número 3, el artículo 28 de la LSS 1997 menciona como límite superior el equivalente a veinticinco veces el SMGDF que rija en el Distrito Federal. Cabe señalar que el parámetro a partir de 2017, el IMSS cambia SMGDF, por la Unidad de Medida y Actualización (UMA) Este cambio lo aplica el IMSS en virtud, del acuerdo 25/2017, para la implementación de la UMA, en sustitución del Salario Mínimo (IMSS, 2017).

Esta sustitución del SMGDF por la UMA si bien atiende a lo establecido por el acuerdo mencionado en el párrafo anterior tiene un alto impacto en la base de cotización en la Modalidad 40 y por ende en el monto de la pensión a recibir.

Como se ve a continuación el SMGDF, a partir de 2017 se ha incrementado con porcentajes mayores a los que tuvo durante los últimos casi treinta años, a continuación, se muestra una gráfica con los Salarios Mínimos de los últimos 7 años.

Figura 2. Salarios Mínimos Generales de los últimos 7 años, en México

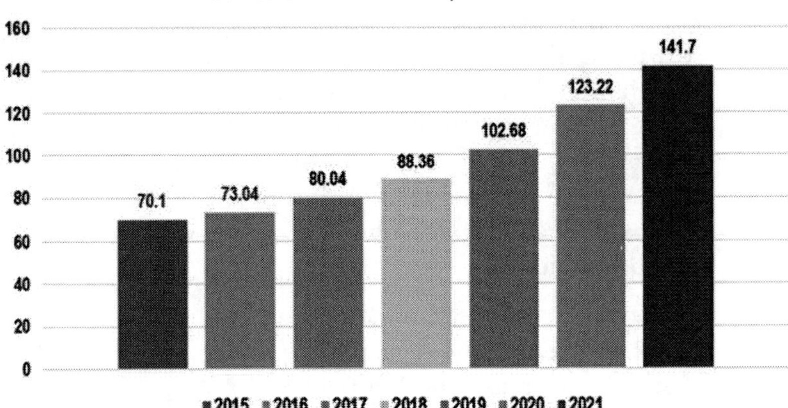

Fuente: elaboración propia con datos: De la Comisión Nacional de los Salarios Mínimos, 2022.

A continuación, se muestra un comparativo de los importes de la UMA, en relación con los importes del SMGDF, desde que comenzó a utilizarse ese parámetro para determinar el tope máximo de cotización.

Figura 3. Comparativo de la UMA en relación con el SMGDF

AÑO	UMA	SMGDF
2016	$73.04	$73.04
2017	$ 75.49	$ 80.04
2018	$ 80.60	$ 88.36
2019	$ 84.49	$102.68
2020	$ 86.88	$ 123.22
2021	$ 89.62	$ 141.70
2022	$ 96.22	$ 172.87

Fuente: Elaboración propia con datos de: INEGI, 2022 y CONASAMI, 2022.

En el último año de comparación la diferencia, entre el valor del SMGDF y la UMA es de $ 76.65, diarios. **¿Cómo impacta el cambio que el IMSS está aplicando, para la determinación de las pensiones, y los incrementos anuales que realiza a los que ya están pensionados, al aplicar la UMA en lugar del SMGDF, como lo señalan la LSS 1973 y la LSS 1997?**

Figura 4. Comparativo de la UMA con relación a porcentajes de incrementos anuales, así como el SMGDF, con el porcentaje de la inflación anual

AÑO	VALOR DE LA UMA	INCREMENTO EN EL EJERCICIO FISCAL	INCREMENTO EN PORCENTAJE	VALOR DEL SMGDF	INCREMENTO EN EL EJERCICIO FISCAL	INCREMENTO EN PORCENTAJE	INFLACION ANUAL(INEGI)
2016	73.04	$-		73.04	$ 2.94	4%	3.36%
2017	75.49	$ 2.45	3.35%	80.04	$ 7.00	10%	6.77%
2018	80.60	$ 5.11	6.77%	88.36	$ 8.32	10%	4.83%
2019	84.49	$ 3.89	4.83%	102.68	$ 14.32	16%	2.83%
2020	86.88	$ 2.39	2.83%	123.22	$ 20.54	20%	3.15%
2021	89.62	$ 2.74	3.15%	141.70	$ 18.48	15%	7.36%
2022	96.22	$ 6.60	7.36%	172.87	$ 31.17	22%	7.82%

Fuente: Elaboración propia con datos de: INEGI, 2022 y CONASAMI, 2022.

El análisis que se refleja en la figura 4, se identifican los incrementos anuales de la UMA, que son con relación a la inflación anual, en cambio el SMGDF refleja un porcentaje de incremento superior a la inflación, este análisis es en relación al cuestionamiento que se hace en el párrafo anterior.

Ahora bien, al momento de tomar la decisión de contratar la Modalidad 40, y considerando el tiempo que se tenga sin relación laboral, se hace necesario observar el artículo 182 que dice:

> Artículo 182. Los asegurados que dejen de pertenecer al régimen del seguro obligatorio conservarán los derechos que tuvieren adquiridos a pensiones en los seguros de invalidez, vejez, cesantía en edad avanzada y muerte, por un periodo igual a la cuarta parte de tiempo cubierto por sus cotizaciones semanales contando a partir de la fecha de su baja. (LSS, 1973)

De acuerdo con lo que se describe en el artículo 182 de la LSS 1973, para poner un ejemplo se expone lo siguiente: un trabajador tiene dos mil semanas cotizadas en el IMSS, la cuarta parte para la conservación de derechos del período sin cotizar son quinientas semanas contados a partir de la fecha de terminación de la relación laboral pero, si otro trabajador cuenta con ochocientas semanas cotizadas, este derechohabiente tiene doscientas semanas, como período para la conservación del derecho a afiliarse al COVORO.

Para realizar la contratación de la Modalidad 40, se aplica lo que se menciona en el artículo 151 de la LSS 1997, que a la letra dice:

> Artículo 151. Al asegurado que haya dejado de estar sujeto al régimen obligatorio y reingrese a éste, se le reconocerá el tiempo cubierto por sus cotizaciones anteriores, en la forma siguiente:
>
> I. Si la interrupción en el pago de cotizaciones no fuese mayor de tres años, se le reconocerán, al momento de la reinscripción, todas sus cotizaciones;
>
> II. Si la interrupción excediera de tres años, pero no de seis, se le reconocerán todas las cotizaciones anteriores cuando, a partir de su reingreso, haya cubierto un mínimo de veintiséis semanas de nuevas cotizaciones;
>
> III. Si el reingreso ocurre después de seis años de interrupción, las cotizaciones anteriormente cubiertas se le acreditarán al reunir cincuenta y dos semanas reconocidas en su nuevo aseguramiento, y

> IV. En los casos de pensionados por invalidez que reingresen al régimen obligatorio, cotizarán en todos los seguros, con excepción del de invalidez y vida. (LSS, 1997)
>
> En los casos de las fracciones II y III, si el reingreso del asegurado ocurriera antes de expirar el período de conservación de derechos establecido en el artículo anterior, se le reconocerán de inmediato todas sus cotizaciones anteriores. (LSS, 1997)

Los requisitos del artículo, anterior deben ser verificados con datos fehacientes, para lo cual se puede acceder a la siguiente página de internet https://www.imss.gob.mx/derechoH/semanas-cotizadas. en donde se puede obtener el historial de las semanas cotizadas en el IMSS, (es importante verificar, si aparecen todos los patrones con los que se tuvo relación laboral), y la fecha que se tiene sin relación patronal, esto con la finalidad de analizar los parámetros que se mencionan en el artículo 151 LSS 1997.

Cumpliendo con todos los requisitos para contratar la Modalidad 40, a partir del ejercicio fiscal 1997, los trabajadores que son sujetos de incorporarse a dicha modalidad la contratan con la finalidad de verse beneficiados en el incremento de la pensión que recibirán al momento que reúnan los requisitos para tramitar su retiro, ya sea por Cesantía en Edad Avanzada o por Vejez, de acuerdo con la decisión que cada beneficiario de la LSS 1973 considere ejercer.

Desde la fecha mencionada en el párrafo anterior, los trabajadores se quedaban sin relación patronal empezaron a contratar la Modalidad 40, para seguir conservando los derechos adquiridos y tener la posibilidad de acceder a una pensión una vez que se cumpla con todos los requisitos establecidos en la LSS 1973.

Para sustentar lo que se menciona en el párrafo anterior se muestra lo siguiente:

Figura 5. Total, de cotizantes inscritos en la Modalidad 40, del ejercicio fiscal 1997 al 2020

AÑO	ASEGURADOS	INCREMENTO %	%
1997	18,619	~	~
1998	101,200	82,581	443.5%
1999	93,687	- 7,513	-7.4%
2000	84,992	- 8,695	-9.3%
2001	79,769	- 5,223	-6.1%
2002	71,177	- 8,592	-10.8%
2003	66,820	- 4,357	-6.1%
2004	64,631	- 2,189	-3.3%
2005	62,575	- 2,056	-3.2%
2006	63,077	502	0.8%
2007	63,519	442	0.7%
2008	67,008	3,489	5.5%
2009	69,176	2,168	3.2%
2010	72,347	3,171	4.6%
2011	76,107	3,760	5.2%
2012	83,121	7,014	9.2%
2013	91,145	8,024	9.7%
2014	104,477	13,332	14.6%
2015	117,305	12,828	12.3%
2016	133,142	15,837	13.5%
2017	145,937	12,795	9.6%
2018	166,261	20,324	13.9%
2019	193,407	27,146	16.3%
sep-20	199,860	6,453	3.3%

Fuente: (Villalobos, 2021, p. 13)

Los datos que arroja la figura 5, muestran que en 1997 únicamente contrataron la Modalidad 40 un total de 18,619 asegurados. A partir del siguiente año se incrementó la contratación en un 443.5%, esto demuestra, que desde la publicación de la LSS 1997 conforme transcurre el tiempo, se ha incrementado la contratación.

Los datos que se muestran a continuación, son por la contratación de la Modalidad 40, por Entidades Federativas:

Figura 6. Modalidad 40, por Entidad Federativa, al mes de agosto de 2020

ASEGURADOS AGOSTO 2020		
ENTIDAD FEDERATIVA	**ASEGURADOS**	**%**
Ciudad de México	40,170	20.5%
Nuevo León	28,610	14.6%
Jalisco	19,267	9.8%
Estado de México	17,641	9.0%
Sinaloa	9,800	5.0%
Chihuahua	7,241	3.7%
Guanajuato	6,153	3.1%
Sonora	6,153	3.1%
Resto Entidades	60,578	31.0%
Suma	195,613	100.0%

Fuente: (Villalobos, 2021, p. 14)

Las cuatro primeras entidades (Ciudad de México, Nuevo León, Jalisco y Estado de México), tienen más del 50% del total de personas que contrataron la Modalidad 40, en el país hasta 2020, **¿Por qué la mayor concentración de contratantes de la Modalidad 40, se encuentran en 4 de las 32 entidades**

federativas? ¿Será por el nivel de información o el poder adquisitivo influye en la contratación de la Modalidad 40?

La mayoría de los 199,860 derechohabientes que hasta el mes de septiembre de 2020 están vigentes en la Modalidad 40 COVORO, la contrataron con el tope establecido en el artículo 28 de la LSS 1997, el equivalente a veinticinco veces el salario mínimo que rija el Distrito Federal, no obstante, el IMSS aplica el valor de la UMA, vigente al momento del registro en dicha modalidad.

Resulta oportuno mencionar que, conforme transcurre el tiempo se ha incrementado el número de personas que contrata la Modalidad 40, esto es derivado a la gran publicidad, que se ha dado principalmente por parte de Despachos de Asesores Especializados en Ley de Seguridad Social que se promueven a través de medios electrónicos, o por recomendaciones de los que ya se han visto beneficiados. Cabe señalar que hay casos en los que se logró incrementar el importe de la pensión hasta diez veces respecto al salario con el que cotizaron la mayor parte de su vida laboral cuando el trabajador tiene más de dos mil semanas cotizadas en el IMSS, y contrata la Modalidad 40 con el tope de las 25 UMAS. **¿Para lograr incrementar la pensión hasta 10 veces su valor, cuanto sería el importe total que el contratante desembolsará para cubrir 60 mensualidades contratando la Modalidad 40, con el tope de las 25 UMAS?**

A continuación, se explica las ramas del IMSS, que se cubren al momento de contratar la Continuación Voluntaria en el Régimen Obligatorio, Modalidad 40, así como la forma de pago.

> Art. 218 LSS 1997, El asegurado cubre, por adelantado, las cuotas que le corresponden de la siguiente manera:
>
> a) Del seguro de retiro la totalidad de la cuota, el seguro de cesantía en edad avanzada y vejez, el importe de las cuotas obrero-patronales.
>
> b) El seguro de invalidez y vida, la totalidad de cuotas obrero-patronales. (LSS, 1997)

En la siguiente figura, se detallan los porcentajes de pago por las ramas del IMSS que integra la Modalidad 40, al 31de diciembre de 2022.

Figura 7. Muestra los porcentajes y las ramas de Seguridad Social que hasta el 31 de diciembre de 2022 se aplica al monto del salario con el cual se contrata la Modalidad 40, COVORO

ARTÍCULO 147		ARTÍCULO 168			ARTÍCULO 25		TOTAL, A PAGAR
INVALIDEZ Y VIDA		RETIRO	CESANTÍA Y VEJEZ		GASTOS MÉDICOS PARA PENSIONADOS		
Patrón	Trabajador	Patrón	Patrón	Trabajador	Patrón	Trabajador	
1.75%	0.625%	2%	3.150%	1.125%	1.050%	0.375%	10.0750%

Fuente: Elaboración propia con datos de: LSS, 1997.

A continuación, se presentan 6 procedimientos para la determinación de la pensión, suponiendo que esta se tramitó en el mes de marzo de 2023, con diferente número de semanas cotizadas, para determinar en cuanto tiempo se recupera el importe que el trabajador invierte en la contratación de la Modalidad 40.

Datos del trabajador, de 55 años seis meses más 1 día, que terminó su relación laboral en el mes de febrero de 2018, este contrata la Modalidad 40, en el mes de marzo del mismo año, con el salario equivalente a veinticinco veces SMGDF, mencionado en el artículo 28 de la LSS 1997, en dicho ejercicio fiscal el salario fue de $ 88.40, pero, al realizar el trámite en la Subdelegación del IMSS, que le corresponde al trabajador de acuerdo a su domicilio, considera el valor de la UMA, de $ 80.60, como importe diario, que multiplicado por veinticinco, es igual al Salario Base de Cotización (SBC), de $ 2,015.00, con el cual se contrata la Modalidad 40, el importe a pagar se determina de la siguiente manera:

El SBC $ 2,015.00, multiplicado por 30.4 días, para determinar la base del pago de la Modalidad 40, es de $ 61,256.00, a este importe se le aplica el 10.0750%, (ver figura No. 7), dando como resultado la cantidad de $ 6,171.50, importe que se tendrá que pagar por mes hasta el 31 de diciembre de 2022, a partir del primero de enero de 2023 el porcentaje se incrementa (ver la figura 17), el nuevo importe a pagar es de $ 61,256.00 a este importe se le aplica el 11.1660% para determinar el nuevo importe a pagar de $ 6,839.80, esto de acuerdo con lo que se menciona en el artículo 218 de LSS 1997, se considera el número de días de 30.4 para que el total de la cantidad pagada durante los 5 años no tenga variaciones porque los pagos mensuales se realizan de acuerdo al número de días de cada mes a que corresponda el pago.

Para determinar el importe que se pagó, durante los 5 años que se contrató la Modalidad 40, los $ 6,171.50 se multiplican por 58 meses arroja el importe de $ 357,947.00, más los 2 meses de 2023 de $ 6,839.80 da un total de $ 13,679.70 importe total pagado durante los 60 meses de $ 371,626.70.

Figura 8. Determinación del importe de la pensión mensual, de acuerdo con los datos mencionados en los párrafos anteriores, con un total de 800 semanas cotizadas

Paso No. 1.- Salario Diario promedio Entre el Salario Mínimo General, de acuerdo con lo que se menciona en la LSS1973 y LSS 1997, pero se está aplicando el valor de la UMA, publicado por parte del IMSS (Folio 6/2016-2017, aplicación de la UMA en materia de Seguridad Social)	$ 2,015.00
UMA- 2023	103.74
Resultado veces salario mínimo/UMA	19.42
Le corresponde la cuantía básica artículo 167 LSS 1973	13%
Porcentaje de incrementos	2.450 %
Determinación de la cuantía básica Salario promedio	$ 2,015.00

Por el total de días del año	365
**Igual a base anual	$ 735,475.00
Por la cuantía básica	13%
Igual a Pensión cuantía básica	$ 95,611.75
Paso No. 2.- Determinación de los incrementos Total, semanas cotizadas	800
Menos las semanas requeridas LSS 1973	500
Igual a excedente en semanas	300
Entre las semanas que corresponden a un año	52
Igual a los incrementos a considerar	5.76
**La base anual	$ 735,475.00
Por el porcentaje de incrementos	2.450%
Igual a incremento anual previo	$ 18,019.14
Por el número de incrementos, penúltimo párrafo artículo 167 LSS 1973	6
Igual a pensión considerando los incrementos	$ 108,114.84
Mas la pensión cuantía básica (paso 1)	$ 95,611.75
Suma cuantía básica más incrementos	$ 203,726.59
Paso 3. Pensión de acuerdo con la Edad, Art. 171 LSS 1973 Por el porcentaje (se aumenta un año porque excede de seis meses los años cumplidos)	80%
Pensión a recibir	$ 162,981.27
Por el factor publicado (DOF 20/12/2001 y modificado el 5 enero de 2004)	1.11
Igual a pensión actualizada	$ 180,909.21
Paso 4.- Más asignaciones familiares	15%
Cónyuge (fracción I artículo 164 LSS 1973)	$ 27,136.38
Igual a pensión total anual	$ 208,045.59

Paso 5.- Pensión mensual a recibir La pensión total anual se divide entre los meses del año.	12
Igual a pensión mensual	$ 17,337.13

Fuente: Elaboración propia con los datos de: LSS, 1973.

La pensión que recibirá de acuerdo con las 800 semanas cotizadas, es de $ 17,337.13 por mes. El importe total que el trabajador pagó durante los 5 años, en la Modalidad 40 fue de $ 371,626.70. Si este se divide entre el importe de la pensión, esto arroja que, en 21 meses recuperará el desembolso por el pago de dicha modalidad. Cabe señalar que estos ejemplos se han realizado sin considerar los efectos de la inflación y el valor del dinero en el tiempo.

Figura 9. Determinación del importe de la pensión mensual, de acuerdo con los datos mencionados en los párrafos anteriores, con un total de 1050 semanas cotizadas

Paso 1.- Salario Diario promedio Entre el Salario Mínimo General, de acuerdo con lo que se menciona en la LSS1973 y LSS 1997, pero se está aplicando el valor de la UMA publicado por parte del IMSS (Folio 6/2016-2017, aplicación de la UMA en materia de Seguridad Social)	$ 2,015.00
UMA-2023	103.74
Resultado veces salario mínimo/UMA	19.42
Le corresponde la cuantía básica artículo 167 LSS 1973	13%
Porcentaje de incrementos	2.450 %
Determinación de la cuantía básica Salario promedio	$ 2,015.00
Por el total de días del año	365
**Igual a base anual	$ 735,475.00

Por la cuantía básica	13%
Igual a Pensión cuantía básica	$ 95,611.75
Paso 2.- Determinación de los incrementos Total, semanas cotizadas	1,050
Menos las semanas requeridas LSS 1973	500
Igual a excedente en semanas	550
Entre las semanas que corresponden a un año	52
Igual a los incrementos a considerar	10.58
**La base anual	$ 735,475.00
Por el porcentaje de incrementos	2.450%
Igual a incremento anual previo	$ 18,019.14
Por el número de incrementos, penúltimo párrafo artículo 167 LSS 1973	11
Igual a pensión considerando los incrementos	$ 198,210.51
Mas la pensión cuantía básica (paso 1)	$ 95,611.75
Suma cuantía básica más incrementos	$ 293,822.26
Paso 3. Pensión de acuerdo con la Edad, Art. 171 LSS 1973 Por el porcentaje (se aumenta un año porque excede de seis meses los años cumplidos)	80%
Pensión a recibir	$ 235,057.80
Por el factor publicado (DOF 20/12/2001 y modificado el 5 enero de 2004)	1.11
Igual a pensión actualizada	$ 260,914.17
Paso 4.- Más asignaciones familiares	15%
Cónyuge (fracción I artículo 164 LSS 1973)	$ 39,137.13
Igual a pensión total anual	$ 300,051.30

Paso 5.- Pensión mensual a recibir La pensión total anual se divide entre los meses del año.	12
Igual a pensión mensual	$ 25,004.27

Fuente: Elaboración propia con los datos de: LSS, 1973.

La pensión que recibirá de acuerdo con las 1050 semanas cotizadas es de $ 25,004.27, por mes, el importe total que el trabajador pagó durante los 5 años, en la Modalidad 40, fue de $ 371,626.70, este se divide entre el importe de la pensión, y arroja que, en 15 meses, recuperará el desembolso por el pago de dicha modalidad.

Figura 10. Determinación del importe de la pensión mensual, de acuerdo con los datos mencionados en los párrafos anteriores, con un total de 1250 semanas cotizadas

Paso 1.- Salario Diario promedio Entre el Salario Mínimo General, de acuerdo con lo que se menciona en la LSS1973 y LSS 1997, pero se está aplicando el valor de la UMA publicado por parte del IMSS (Folio 6/2016-2017, aplicación de la UMA en materia de Seguridad Social)	$ 2,015.00
UMA-2023	103.74
Resultado veces salario mínimo/UMA	19.42
Le corresponde la cuantía básica artículo 167 LSS 1973	13%
Porcentaje de incrementos	2.450 %
Determinación de la cuantía básica Salario promedio	$ 2,015.00
Por el total de días del año	365
**Igual a base anual	$ 735,475.00
Por la cuantía básica	13%
Igual a Pensión cuantía básica	$ 96,611.75

Paso 2.- Determinación de los incrementos Total, semanas cotizadas	1,250
Menos las semanas requeridas LSS 1973	500
Igual a excedente en semanas	750
Entre las semanas que corresponden a un año	52
Igual a los incrementos a considerar	14.42
**La base anual	$ 735,475.00
Por el porcentaje de incrementos	2.450%
Igual a incremento anual previo	$ 18,019.14
Por el número de incrementos penúltimo párrafo artículo 167 LSS 1973	14.5
Igual a pensión considerando los incrementos	$ 261,277.49
Mas la pensión cuantía básica (paso 1)	$ 95,611.75
Suma cuantía básica más incrementos	$ 356,889.24
Paso 3. Pensión de acuerdo con la Edad, Art. 171 LSS 1973 Por el porcentaje (se aumenta un año de edad porque excede de seis meses los años cumplidos)	80%
Pensión por recibir	$ 285,511.40
Por el factor publicado (DOF 20/12/2001 y modificado el 5 enero de 2004)	1.11
Igual a pensión actualizada	$ 316,917.65
Paso 4.- Más asignaciones familiares	15%
Cónyuge (fracción I artículo 164 LSS 1973)	$ 47,537.65
Igual a pensión total anual	$ 364,455.30
Paso 5.- Pensión mensual a recibir La pensión total anual se divide entre los meses del año.	12
Igual a pensión mensual	$ 30,371,27

Fuente: Elaboración propia con los datos de: LSS, 1973.

La pensión que recibirá de acuerdo con las 1250 semanas cotizadas es de $ 30,371.27 por mes, el importe total que el trabajador pagó durante los 5 años, en la Modalidad 40, fue de $ 371,626.70, este se divide entre el importe de la pensión, y arroja que, en 12 meses, recuperará el desembolso por el pago de dicha modalidad.

Figura 11. Determinación del importe de la pensión mensual, de acuerdo con los datos mencionados en los párrafos anteriores, con un total de 1500 semanas cotizadas

Paso 1.- Salario Diario promedio Entre el Salario Mínimo General, de acuerdo con lo que se menciona en la LSS1973 y LSS 1997, pero se está aplicando el valor de la UMA, publicado por parte del IMSS (Folio 6/2016-2017, aplicación de la UMA en materia de Seguridad Social)	$ 2,015.00
UMA-2023	103.74
Resultado veces salario mínimo/UMA	19.42
Le corresponde la cuantía básica artículo 167 LSS 1973	13%
Porcentaje de incrementos	2.450 %
Determinación de la cuantía básica Salario promedio	$ 2,015.00
Por el total de días del año	365
**Igual a base anual	$ 735,475.00
Por la cuantía básica	13%
Igual a Pensión cuantía básica	$ 95,611.75
Paso 2.- Determinación de los incrementos Total, semanas cotizadas	1,500
Menos las semanas requeridas LSS 1973	500
Igual a excedente en semanas	1000
Entre las semanas que corresponden a un año	52

Igual a los incrementos a considerar	19.42
**La base anual	$ 735,475.00
Por el porcentaje de incrementos	2.450%
Igual a incremento anual previo	$ 18,019.14
Por el número de incrementos, penúltimo párrafo artículo 167 LSS 1973	19
Igual a pensión considerando los incrementos	$ 342,363.61
Mas la pensión cuantía básica (paso 1)	$ 95,611.75
Suma cuantía básica más incrementos	$ 437,975.56
Paso 3. Pensión de acuerdo con la Edad, Art. 171 LSS 1973 Por el porcentaje (se aumenta un año porque excede de seis meses los años cumplidos)	80%
Pensión por recibir	$ 350,380.45
Por el factor publicado (DOF 20/12/2001 y modificado el 5 enero de 2004)	1.11
Igual a pensión actualizada	$ 388,922.30
Paso 4.- Más asignaciones familiares	15%
Cónyuge (fracción I artículo 164 LSS 1973)	$ 58,338.34
Igual a pensión total anual	$ 447,260.64
Paso 5.- Pensión mensual a recibir La pensión total anual se divide entre los meses del año.	12
Igual a pensión mensual	$ 37,271.72

Fuente: Elaboración propia con los datos de: LSS, 1973.

La pensión que recibirá de acuerdo con las 1,500 semanas cotizadas es de $ 37,271.72, por mes, el importe total que el trabajador pagó durante los 5 años, en la Modalidad 40, fue de $ 371,626.70, este se divide entre el importe de la pensión, y arroja que, en 10 meses, recuperará el desembolso por el pago de dicha modalidad.

Figura 12. Determinación del importe de la pensión mensual, de acuerdo con los datos mencionados en los párrafos anteriores, con un total de 1750 semanas cotizadas

Paso 1.- Salario Diario promedio Entre el Salario Mínimo General, de acuerdo con lo que se menciona en la LSS1973 y LSS 1997, pero se está aplicando el valor de la UMA, publicado por parte del IMSS (Folio 6/2016-2017, aplicación de la UMA en materia de Seguridad Social)	$ 2,015.00
UMA-2023	103.74
Resultado veces salario mínimo/UMA	19.42
Le corresponde la cuantía básica artículo 167 LSS 1973	13%
Porcentaje de incrementos	2.450 %
Determinación de la cuantía básica Salario promedio	$ 2,015.00
Por el total de días del año	365
**Igual a base anual	$ 735,475.00
Por la cuantía básica	13%
Igual a Pensión cuantía básica	$ 95,611.75
Paso 2.- Determinación de los incrementos Total, semanas cotizadas	1,750
Menos las semanas requeridas LSS 1973	500
Igual a excedente en semanas	1,250
Entre las semanas que corresponden a un año	52
Igual a los incrementos a considerar	24.03
**La base anual	$ 735,475.00
Por el porcentaje de incrementos	2.450%

Igual a incremento anual previo	$ 18,019.14
Por el número de incrementos, penúltimo párrafo artículo 167 LSS 1973	24
Igual a pensión considerando los incrementos	$ 432,459.30
Mas la pensión cuantía básica (paso 1)	$ 95,611.75
Suma cuantía básica más incrementos	$ 528,071.05
Paso 3. Pensión de acuerdo con la Edad, Art. 171 LSS 1973 Por el porcentaje (se aumenta un año porque excede de seis meses los años cumplidos)	80%
Pensión a recibir	$ 422,456.84
Por el factor publicado (DOF 20/12/2001 y modificado el 5 enero de 2004)	1.11
Igual a pensión actualizada	$ 468,927.09
Paso 4.- Más asignaciones familiares	15%
Cónyuge (fracción I artículo 164 LSS 1973)	$ 70,339.06
Igual a pensión total anual	$ 539,266.15
Paso 5.- Pensión mensual a recibir La pensión total anual se divide entre los meses del año.	12
Igual a pensión mensual	$ 44,938.85

Fuente: Elaboración propia con los datos de: LSS, 1973.

La pensión que recibirá de acuerdo con las 1,500 semanas cotizadas será por la cantidad de $ 44,938.85, por mes, el importe total que el trabajador pagó durante los 5 años, en la Modalidad 40, fue de $ 371,626.70, este se divide entre el importe de la pensión, y arroja que, en 8 meses, recuperará el desembolso por el pago de dicha modalidad.

Figura 13. Determinación del importe de la pensión mensual, de acuerdo con los datos mencionados en los párrafos anteriores, con un total de 2,000 semanas cotizadas

Paso 1.- Salario Diario promedio Entre el Salario Mínimo General, de acuerdo con lo que se menciona en la LSS1973 y LSS 1997, pero se está aplicando el valor de la UMA, publicado por parte del IMSS (Folio 6/2016-2017, aplicación de la UMA en materia de Seguridad Social)	$ 2,015.00
UMA-2023	103.74
Resultado veces salario mínimo/UMA	19.42
Le corresponde la cuantía básica artículo 167 LSS 1973	13%
Porcentaje de incrementos	2.450 %
Determinación de la cuantía básica Salario promedio	$ 2,015.00
Por el total de días del año	365
**Igual a base anual	$ 735,475.00
Por la cuantía básica	13%
Igual a Pensión cuantía básica	$ 95,611.75
Paso 2.- Determinación de los incrementos Total, semanas cotizadas	2,000
Menos las semanas requeridas LSS 1973	500
Igual a excedente en semanas	1,500
Entre las semanas que corresponden a un año	52
Igual a los incrementos a considerar	28.85
**La base anual	$ 735,475.00
Por el porcentaje de incrementos	2.450%
Igual a incremento anual previo	$ 18,019.14
Por el número de incrementos, penúltimo párrafo artículo 167 LSS 1973	29

Igual a pensión considerando los incrementos	$ 522,555.00
Mas la pensión cuantía básica (paso 1)	$ 95,611.75
Suma cuantía básica más incrementos	$ 618,166.75
Paso 3. Pensión de acuerdo con la Edad, Art. 171 LSS 1973 Por el porcentaje (se aumenta un año de edad porque excede de seis meses los años cumplidos)	80%
Pensión a recibir	$ 494,533.34
Por el factor publicado (DOF 20/12/2001 y modificado el 5 enero de 2004)	1.11
Igual a pensión actualizada	$ 548,932.01
Paso 4.- Más asignaciones familiares	15%
Cónyuge (fracción I artículo 164 LSS 1973)	$ 82,339.80
Igual a pensión total anual	$ 631,271.81
Paso 5.- Pensión mensual a recibir La pensión total anual se divide entre los meses del año.	12
Igual a pensión mensual	$ 52,605.98

Fuente: Elaboración propia con los datos de: LSS, 1973.

La pensión que recibirá de acuerdo con las 2,000 semanas cotizadas es de $ 52,605.98 por mes, el importe total que el trabajador pagó durante los 5 años, en la Modalidad 40, fue de $ 371,626.70, este se divide entre el importe de la pensión, y arroja que, en 7 meses, recuperará el desembolso por el pago de dicha modalidad.

A continuación, se presenta una figura comparativa de los casos desarrollados:

Figura 14. Resumen de los 6 ejemplos de la determinación de la pensión de acuerdo con el total de semanas cotizadas en el IMSS

Total, semanas cotizadas, en el IMSS	Semanas convertidas en el total de años, de permanencia laboral	Sueldo promedio de las 250 semanas, cotizadas previas a la pensión	Total, pago de los 5 años, de la Modalidad 40	La pensión que recibirá de acuerdo a las semanas cotizadas, en el IMSS	Número de meses de recuperación, de la cantidad pagada, en la Modalidad 40
800	15	$ 2,015.00	$ 371,626.70	17,337.13	21
1,050	19	$ 2,015.00	$ 371,626.70	25,004.27	15
1,250	24	$ 2,015.00	$ 371,626.70	29,163.85	12
1,500	29	$ 2,015.00	$ 371,626.70	34,908.70	10
1,750	34	$ 2,015.00	$ 371,626.70	42,089.74	8
2,000	38	$ 2,015.00	$ 371,626.70	52,605.98	7

Fuente: Elaboración propia.

La figura 14 muestra, que un factor muy importante en la determinación del monto de la pensión corresponde al número de semanas cotizadas que tenga el trabajador reconocidas en el IMSS, como se puede observar los casos de 29, 34, y 38 años de cotización ininterrumpida, son las mejores opciones para así obtener, el monto de pensión más alta con relación a los demás casos.

De acuerdo al análisis planteado de los 6 ejemplos desarrollados, considerando el importe que se tendría que desembolsar durante el tiempo que sea más conveniente contratar la Modalidad 40, en el caso de que se tuvieran 800 semanas cotizadas en el IMSS, el tiempo en recuperar dicho importe pagado, es inferior a 2 años. Aun así, esta opción es beneficiosa, ya que si el trabajador, después de haber tramitado su pensión, vive hasta los 85 años, entonces este recibirá durante 22 años. Además, se contempla una pensión por viudez, por el tiempo que el beneficiario permanezca sin contraer matrimonio o hasta su muerte, de acuerdo al artículo 164 de LSS 1973.

En el caso mencionado en el párrafo anterior, si en lugar de contratar la Modalidad 40 durante los 5 años, hubiera recibido un salario, y la empresa lo registra en el IMSS con un SBC de $250.00, la pensión que alcanzaría sería la mínima garantizada en 2022 que es de $ 5,255.25, esto quiere decir que su pensión aumentó más de $ 10,000.00 mensuales, y haciendo el mismo análisis al ejemplo la figura 14, el excedente de la pensión es de más de $ 45,000.00.

Debido a que cada día se incrementa en gran medida la contratación de la Modalidad 40, con el tope que se señala en el artículo 28 de la LSS 1997, las autoridades de gobierno han previsto que, con el transcurso del tiempo, aumente en gran medida el número de pensiones con valores superiores a los $ 50,000.00, por tal motivo se han propuesto algunos cambios en dicha modalidad, de acuerdo con lo siguiente:

En una entrevista que realiza Heraldo Radio al diputado Alejandro Carbajal Hidalgo, el 2 de octubre de 2020. Se menciona una propuesta de iniciativa de reforma del artículo 218 de la LSS 1997, que se presentó a finales de septiembre de 2020 en la Cámara de Diputados.

El cambio que propone el diputado Alejandro Carbajal Hidalgo es que, al contratar la Modalidad 40, esta sea con el tope del último sueldo con el que estuvieron cotizando en su inmediata anterior relación patronal, porque en la actualidad la contratan trabajadores que durante su historial de cotizaciones en el IMSS, fue con un salario mínimo y contratan dicha modalidad con el tope de 25 UMAS, además menciona que de seguir dicha modalidad sin cambios, se pensionarán cien mil personas por año, con una pensión de alrededor de $38,452.00 pesos mensuales; estos multiplicados por trece, doce meses del año, más el mes de aguinaldo, se tendrá que cubrir por pensionado 500 mil pesos por año que multiplicado por los cien mil pensionados, representa un total de 50 millones de pesos por año, más todas las demás pensiones que están a cargo del Estado.

> El diputado Alejandro Carbajal Hidalgo señala, que las pensiones del IMSS, utilizando el esquema de la Modalidad 40 COVORO, pueden alcanzar hasta más de 90 mil pesos, atribuibles según el artículo 28 de la LSS vigente, que establece el tope equivalente a veinticinco veces el salario mínimo general que rija en el entonces Distrito Federal. No obstante, en la práctica y en la realidad el IMSS aplica el tope de las 25 UMAS, esto para integrar el SBC para contratar dicha modalidad, con lo cual la máxima pensión que se puede obtener en el Instituto es de, 66 mil pesos mensuales, esto en el caso del trabajador que sobrepasa dos mil cincuenta semanas cotizadas, tuvo un empleo fijo y constante con un patrón (o patrones) que durante las últimas 250 semanas de cotización hallan cubierto el tope máximo que estipula el IMSS. (Villalobos, 2021, p. 7), el 4 de diciembre de 2020, gira instrucciones al Palacio de San Lázaro, para retirar la iniciativa presentada.
>
> Derivado de lo que se expone en los párrafos anteriores, el 24 de enero de 2020 se publicó en el Semanario Judicial de la Federación, la tesis jurisprudencial 2ª./J.164/2019, la cual reitera el tope de 10 veces el salario mínimo para el pago de las pensiones por invalidez, cesantía en edad avanzada y vejez, a la generación en transición que opte por el sistema de la Ley del Seguro Social vigente hasta el 30 de junio de 1997, criterio que fue determinado en la jurisprudencia 2ª./J.85/2010. (Morales, 2020).

La publicación de esta jurisprudencia causó mucha polémica por parte de los trabajadores que pertenecen a la LSS 1973, que a la fecha de la publicación estaban cotizando en el IMSS con el tope establecido en el artículo 28 de la LSS 1997, ya que el contenido de la tesis jurisprudencial 2ª./J.164/2019, ratifica lo previsto en el artículo 33 de la LSS 1973, que a la letra dice:

> Articulo 33.- Los asegurados se inscribirán con el salario base de cotización que perciban en el momento de su afiliación, estableciéndose como límite superior el equivalente a veinticinco

> veces el salario mínimo general que rija en el Distrito Federal y como límite inferior el salario mínimo general del área geográfica respectiva, salvo lo dispuesto en la fracción III del Artículo 35.
>
> Tratándose de seguros de invalidez, vejez, cesantía en edad avanzada y muerte, el límite superior será el equivalente a 10 veces el salario mínimo general vigente en el Distrito. (LSS, 1973)

No obstante, los trabajadores en periodo de transición tenían como tope máximo de cotización 25 SMGDF verían mermados sus posibles montos de pensión con esta jurisprudencia.

> Para aclarar las dudas derivadas de la jurisprudencia se generó el siguiente boletín de prensa:
>
> BOLETÍN DE PRENSA H. Consejo Técnico del IMSS ratifica criterio de 25 salarios mínimos como límite para el pago de pensiones.
>
> En sesión extraordinaria celebrada la tarde de ayer, el H. Consejo Técnico del Instituto Mexicano del Seguro Social (IMSS), encabezado por el director general, Maestro Zoé Robledo, ratificó por unanimidad el criterio que aplica el Instituto para determinar como límite superior de cotización 25 salarios mínimos para el pago de las pensiones, al amparo de la Ley del Seguro Social vigente al 30 de junio de 1997. (Villalobos, 2021)

Aún y cuando, las autoridades del IMSS han aclarado la posición del Instituto ante esta problemática persiste el antecedente del contenido de la jurisprudencia en cuestión. **¿Será respetada la postura del H. Consejo Técnico del IMSS, para cuando el asegurado que pertenece a la Ley en transición decida obtener su pensión bajo la LSS 1973, esto en relación con el tope de los 25 salarios mínimos vigentes en el Distrito Federal?**

Con relación a la incertidumbre que causa la jurisprudencia mencionada en los párrafos anteriores y derivado de los comentarios que los especialistas en el área de Seguridad

Social, han mencionado al respecto esta autoridad considera que podrá aplicar el contenido de dicha jurisprudencia, por lo que sugieren se interponga un juicio en contra del IMSS por la determinación de la pensión con errores mismo que entre otras cosas puede fundamentarse con el juicio de amparo que puede consultarse en la página https://elnidodelseguro.com/jurisprudencia-tope-pensiones.vejez,

Gracias a la labor del despacho del Doctor Ángel Edoardo Ruiz Buenrostro, se obtuvo un criterio a favor del reclamante por obtener una pensión con base en el tope de 25 veces la UMA, a continuación, se transcribe una parte de dicho amparo:

> Por ende, inaplicable al caso la jurisprudencia 2ª/J.85/2010, de la Segunda Sala [...] toda vez que el accionante cotizó conforme al régimen de transición, con los límites y aumento gradual, previsto en el artículo vigésimo quinto transitorio de la ley del Seguro Social en vigor.
>
> Entonces, si el salario promedio de las últimas doscientas cincuenta semanas de cotización, base para cuantificar las pensiones por invalidez, vejez y cesantía en edad avanzada, tiene como límite superior el equivalente a quince veces el salario mínimo general vigente en el Distrito Federal, a partir del uno de julio de mil novecientos noventa y siete, aumentando un salario mínimo por cada año subsecuente hasta llegar a veinticinco en dos mil siete, a la fecha en que se otorgó la pensión (octubre de dos mil uno), debía tomarse como base para cuantificación respectiva, el vigente en esa fecha multiplicado por diecinueve..) (El Nido de la Seguridad Social, 2020)

Como se puede ver y de acuerdo con los elementos que se tomaron para defender el caso, es decir artículos relacionados a la LSS 1997 vigente, en la actualidad y en el momento del juicio en cuestión en relación con el cumplimiento de las obligaciones así como de los beneficios que reciban todos los trabajadores que iniciaron a cotizar en el IMSS antes del 1ro de julio 1997 (que pertenecen a la Ley en transición) hay posibilidades de interponer juicio que resuelva una pensión más favorable para el derechohabiente.

En la LSS 1973, las pensiones se generan con base en el esquema obligatorio de beneficio definido, el Estado es el responsable del pago de la pensión a que tienen derecho todos los trabajadores que empezaron a cotizar antes del 1ro de julio de 1997.

> Antes de 1997, los subsistemas de pensiones para el empleo formal funcionaban bajo el modelo de beneficio definido, en el cual un trabajador podía jubilarse recibiendo una pensión equivalente a prácticamente la totalidad de su ingreso mensual. Sin embargo, este tipo de sistema enfrenta un obstáculo importante: al estar basado en cambios demográficos y económicos complejos y sujetos a cambios y volatilidad, su potencial para volverse una presión a las finanzas públicas debido a proyecciones inexactas y sin ajustar es elevado. A partir de la creación del Sistema de Ahorro para el Retiro (SAR), algunos de estos subsistemas han migrado a un modelo de contribución definida. (IMCO, 2021, p.12)

Razón por la cual surge la siguiente interrogante: **¿Qué cambios se tienen que hacer para que las finanzas públicas, ante los cambios demográficos de largo plazo puedan cubrir las pensiones bajo la ley de 1973 sin que impacten negativamente otros rubros?**

A continuación, se muestra información de la proyección del aumento de la población de 65 años o más, durante el periodo comprendido del año 1950, al año 2050.

Figura 15. Proyección demográfica de México y porcentaje de adultos mayores en edad de jubilación (65 años o más)

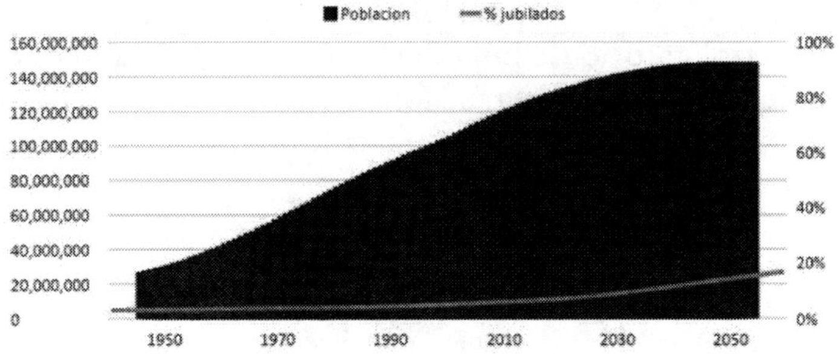

Fuente: (IMCO, 2021, p. 12)

La gráfica muestra un aumento del 467%, de adultos mayores, derivado del análisis surge la siguiente interrogante. **¿Las autoridades del sector salud, y otros servicios análogos, podrán cubrir los requerimientos que esta población demande durante los siguientes 22 años?**

En primer término, la gráfica muestra el incremento de adultos mayores, en segundo lugar, del 100% de la población de adultos mayores, únicamente el 20% está cubierto por alguna pensión o jubilación, tanto del sector público como del privado. **¿Qué cambios se tienen que implementar para que se incremente, el porcentaje de la población con derecho a pensión o jubilación?**

Para dar respuesta al cuestionamiento primero es necesario señalar que existe un gran porcentaje de la población en edad de retiro que no tienen derecho a pensión o jubilación por el simple hecho de no trabajar dentro de la formalidad. "Hablar de pensiones es hablar de seguridad social, y para poder hablar de seguridad social resulta indispensable comenzar por comprender qué significa ese esquivo cuanto manipulado concepto, que de suyo no es jurídico sino más bien filosófico" (Ruiz, 2020, p. 31)

La tendencia por los siguientes años es que habrá más personas con derecho al pago de las pensiones lo cual traerá como consecuencia incrementos considerables, en la carga financiera para el IMSS. Para dar una idea de la carga presupuestaria que tendrá el gobierno federal se menciona lo siguiente:

> De lo antes expuesto se concluye que el gasto del gobierno federal asociado a las pensiones otorgadas por el IMSS ascenderá a cerca de 134 mil millones de pesos en 2011, según las tendencias de la valuación actuarial a 2010, lo cual representa el 5.1% del gasto programable del gobierno federal. Dichos gastos registrarán un crecimiento real de 6.76% anual hasta llegar en 2018 a un gasto de 211 mil millones de pesos, tal y como se proyecta en la figura 16.
>
> Respecto a la presión de gasto para el periodo 2013-2018, ésta ascendería a 1.1 billones de pesos, lo cual representa el 8.4% del Producto Interno Bruto (PIB) (Colmenares, 2012, p. 58)

Figura 16. IMSS: Monto estimado de rentas vitalicias otorgadas y el costo fiscal asociado para invalidez y vida (millones de pesos 2010)

AÑO	PENSIONES EN CURSO DE PAGO	% PART	CUOTAS Y APORTACIONES	% PART	PENSIONES GARANTIZADAS	% PART	TOTAL
2011	107963	80.4	24311	18.1	2015	1.5	134289
2012	117746	81.4	24844	17.2	2131	1.5	144721
2013	127369	82.1	25385	16.4	2379	1.5	155133
2014	137725	82.8	25925	15.6	2634	1.6	166284
2015	148081	83.4	26460	14.9	2911	1.6	177452
2016	158437	84.0	26930	14.3	3250	1.7	188617
2017	168794	85.5	27401	13.7	3589	1.8	199784
2018	179150	84.9	27872	13.2	3929	1.9	210951
SUBTOTAL 2013-2018	N.A.	83.7	159.973	14.6	18.692	1.7	1098221

Fuente: (Colmenares, 2012, p. 175)

Como paliativo a este panorama financieramente catastrófico a partir del 1ro. de enero de 2023, se incrementan gradualmente las cuotas en las ramas de cesantía en edad avanzada y vejez, cada año hasta 2030 se ajustará el porcentaje que pagarán los que contraten la Modalidad 40, COVORO, de acuerdo con lo siguiente:

Figura 17. En donde se muestran los aumentos, publicados en el DOF, publicado el 16 de diciembre de 2020

	Artículo 147		Artículo 168			Artículo 25		Total, a pagar
Año	Invalidez y Vida		Retiro	Cesantía y Vejez		Gastos médicos para pensionados		
	Patrón	Trabajador	Patrón	Patrón	Trabajador	Patrón	Trabajador	
2022	1.75%	0.625%	2%	3.150%	1.125%	1.050%	0.375%	10.07500%
2023	1.75%	0.625%	2%	4.241%	1.125%	1.050%	0.375%	11.1660%
2024	1.75%	0.625%	2%	5.331%	1.125%	1.050%	0.375%	12.2560%
2025	1.75%	0.625%	2%	6.422%	1.125%	1.050%	0.375%	13.3470%
2026	1.75%	0.625%	2%	7.513%	1.125%	1.050%	0.375%	14.4380%
2027	1.75%	0.625%	2%	8.603%	1.125%	1.050%	0.375%	15.5280%
2028	1.75%	0.625%	2%	9.694%	1.125%	1.050%	0.375%	16.6190%
2029	1.75%	0.625%	2%	10.784%	1.125%	1.050%	0.375%	17.7090%
2030	1.75%	0.625%	2%	11.875%	1.125%	1.050%	0.375%	18.000%

Fuente: Elaboración propia con datos de: LSS, 1997

> De acuerdo a la exposición del motivo por los cambios que se dieron para el artículo 218 de la LSS 1997, referente a los aumentos graduales que por 8 años se incrementarán, como se muestran en la figura 17, es por la tendencia demográfica caracterizada por el incremento de la población adulta de 65 años. También se refieren a que la Generación en Transición (GT) obtendrá pensiones mucho mayores a la Generación de Afores (GA), no porque hubiesen aportado más para su pensión, sino por los beneficios altamente subsidiados que ofrece la LSS 1973, mismo que están siendo pagados con impuestos generales. (Sistema de Información Legislativa de la Secretaria de Gobernación, S/F)

Los incrementos que se muestran en la figura 18, van a impactar significativamente el desembolso que los contratantes de la Modalidad 40 tendrán que invertir para poder recibir una pensión acorde a sus necesidades económicas lo que conlleva a analizar el costo beneficio al contratar dicha modalidad.

A continuación, se presenta un estudio del impacto en el incremento, que se muestra en la figura 17, si una persona contrata la Modalidad 40, en el mes de febrero de 2022, con el equivalente a veinticinco veces la UMA el SBC será de $2,405.50, para pagarla durante los años de 2022, 2023, 2024, 2025, 2026, y finalizar las aportaciones en el mes de enero de 2027; para este ejemplo se realiza el trámite de la pensión en 2027 y para la determinación de la misma se consideró el valor de la UMA en $120.00, y las mismas semanas cotizadas que se muestran en la figura 14 para valorar el cambio en recursos invertidos y en el tiempo de recuperación de los mismos.

Figura 18. Estudio del incremento que a partir del 1ro. de enero de 2023, tendrá la contratación de la Modalidad 40

Total, semanas cotizadas en el IMSS	Semanas convertidas en el total de años de permanencia laboral	Sueldo promedio de las 250 semanas cotizadas previas a la pensión	Total, pago de los 5 años de la Modalidad 40 con los incrementos (figura 13)	La pensión que recibirá de acuerdo a las semanas cotizadas en el IMSS	Número de meses de recuperación de la cantidad pagada en la Modalidad 40
800	15	$ 2,405.50	$ 534,625.39	20,697.00	26
1,000	19	$ 2,405.50	$ 534,625.39	28,019.00	19
1,250	24	$ 2,405.50	$ 534,625.39	36,257.00	15
1,500	29	$ 2,405.50	$ 534,625.39	44,495.00	12
1,750	34	$ 2,405.50	$ 534,625.39	53,648.00	10
2,000	38	$ 2,405.50	$ 534,625.39	62,801.00	9

Fuente: Elaboración propia.

Se observa que el tiempo de la recuperación de la cantidad pagada, por la contratación de la Modalidad 40, en el caso de 800 semanas cotizadas en el IMSS, se incrementa 5 meses, el siguiente de 1,000 semanas es de 4 meses, el de 1,250 semanas 3 meses y los últimos 3 casos en 2 meses, las diferencias son con relación a lo que se muestra en la figura 17.

1.2 PROBLEMA DE INVESTIGACIÓN

Derivado de lo sustentado anteriormente se establece como pregunta de investigación la siguiente:

¿Cuáles serían las estrategias adecuadas para garantizar la sostenibilidad del pago de las pensiones bajo el sistema de beneficio definido, durante los años de permanencia establecidos para esta obligación, en México?

1.3 JUSTIFICACIÓN

El fin de la presente investigación es generar conocimiento con relación al esquema de la Modalidad 40 misma que desde la LSS 1943, estaba vigente pero no había sido tan utilizada, como lo es a partir de la entrada en vigor de la LSS 1997, esto para los que pueden contratarla.

Así mismo sirve como información para el Estado, en cuanto a número de derechohabientes del IMSS con posibilidad de obtener la Modalidad 40, para a su vez estimar los recursos que se tendrán que destinar para cubrir el pago de las pensiones que se otorguen.

También, se genera información para los trabajadores que iniciaron a cotizar en el IMSS, antes del 1ro de julio de 1997 que no cuentan con una relación patronal en la actualidad y que a esta fecha todavía no cumplan con los requisitos para tramitar la pensión con base a la LSS 1973, de tal suerte que esta investigación les informe de los trámites necesarios para conocer la Modalidad 40, para conservar los derechos a obtener la pensión una vez que ya se cumplan todos los requisitos de la LSS 1973.

La presente investigación aporta información para que las autoridades encargadas del fondeo de los recursos necesarios para el pago de las pensiones públicas, a cargo del Estado, tomen conciencia de la carga económica que se tiene que solventar durante los siguientes años. Para con anticipación se busquen alternativas de generar los recursos necesarios para cubrir esta obligación, y así no generar en los próximos años una "CRISIS PENSIONARIA EN MÉXICO".

La presente investigación es pertinente, porque muestra los procedimientos que determinan las prestaciones de acuerdo con el artículo 167 de la Ley de 1973, para que los trabajadores que pertenecen a esa Ley tengan una noción del monto de la pensión que recibirán al momento de haber cumplido con los requisitos. Sirve también para quienes realizan actividades de forma independiente ya que ofrece información de las diferentes modalidades de la incorporación voluntaria al Instituto Mexicano del Seguro Social.

El presente estudio es viable porque se cuenta con los elementos y recursos necesarios para acercarse a los sujetos que son elegibles por esta modalidad, así como a los profesionales independientes especializados en el tema para realizar entrevistas, cuestionarios y encuestas, que aporten información útil para el caso. También se cuenta con los materiales y el tiempo requerido para llevar a término la investigación.

1.4 OBJETIVOS

1.4.1 Objetivo general

Explicar las estrategias adecuadas para garantizar la sostenibilidad del pago de las pensiones bajo el sistema de beneficio definido, durante los años de permanencia establecidos para esta obligación, en México

1.4.2 Objetivos particulares

- Elaborar los instrumentos para recolectar información de los sujetos de la investigación.
- Obtener la información de los sujetos de la investigación a partir de la aplicación de los instrumentos diseñados.
- Ordenar la información obtenida de acuerdo con sus características para su análisis.
- Redactar el reporte de la investigación que contenga las conclusiones derivadas de los resultados obtenidos.

1.5 ANTECEDENTES

Se realizó una búsqueda de investigaciones relacionadas con la presente y se encontraron las siguientes:

En la tesis titulada "DETERMINANTES PARA EL ACCESO A UNA PENSIÓN DE JUBILACIÓN EN MÉXICO EN 2009", realizada por Ignacio Macín Pérez en 2014, se examinó el deterioro de las condiciones laborales en donde destaca un bajo acceso a la seguridad social, el cual se comprueba en el siguiente análisis:

Con una muestra de la población de 45 años y más, se aplicó una encuesta a 61,703 personas de ambos sexos para saber si se encontraban cotizando en alguna institución en el año 2009 el resultado fue que el 81% de los encuestados no estaban cotizando, el 19% se encontraban cotizando, de mayor a menor en las siguientes instituciones: el IMSS, después en el ISSSTE, PEMEX, e ISSFAM. Porcentajes menores se encontraron en el ISSSTE estatal, y aun en menor cantidad en otras instituciones.

También se analizó el nivel de estudio de los encuestados con derecho a una pensión. El porcentaje más alto fue de personas con una educación básica o técnica y el nivel más bajo se encontró en los sin ninguna preparación.

El resultado de la investigación arroja que de los ya pensionados las mujeres reciben una pensión mayor que los hombres y poseen una mejor preparación.

Por otra parte, en la tesis titulada "ANÁLISIS ECONÓMICO DEL SISTEMA DE PENSIONES Y ASISTENCIA SOCIAL EN MÉXICO", realizada por Ana Bertha Vidal Fócil, en 2017 se describe el fenómeno del envejecimiento de la población, teorías sobre el envejecimiento, el derecho a la seguridad social y los sistemas de pensiones en los países de América Latina.

Con respecto a México se considera que no está exento de este fenómeno del envejecimiento de la población, se tiene que prestar atención a la estructura de la seguridad social en el país, debido a que en el futuro próximo el gasto en las pensiones ejercerá fuertes presiones en las finanzas públicas.

También se habla de los diferentes sistemas de pensiones, en América Latina, como es el caso la de contribución definida, financiamiento por reparto, financiamiento por capitalización y de las Administradoras de los Fondos y Participación en el Sistema de Pensiones.

Se analiza el crecimiento de la población de habitantes de 65 años o más en los países de América Latina, por el período 1990-2011. El método utilizado en dicha investigación es descriptivo y explicativo. Se identifica que el país con mayor número de ancianos es Brasil, seguido por México, Argentina, Colombia, Perú, Chile, Venezuela, por otro lado, Panamá y Nicaragua, son los países con menor cantidad de ancianos. El resultado que muestra este análisis da como impacto que durante los 21 años analizados se incrementó más del 200% la población de adultos de 65 años o más. Se hacen recomendaciones a los países de América Latina con relación a el incremento del porcentaje de trabajadores que tendrán derecho a la seguridad social, ya que de acuerdo con el estudio que se realizó, solo el 20% de la población analizada cuenta con el beneficio y el 80% se encuentra sin protección.

También se analiza la inactividad de dicha población, los pensionados, los ocupados y los que aun cotizan en un sistema pensionario.

Por último, se mencionan los orígenes de los sistemas de pensiones en México.

La diferencia entre la presente investigación y las antes mencionadas radica en que en esta se analiza el derecho a recibir una pensión por parte de aquellos derechohabientes que dejaron de tener un trabajo remunerado bajo el esquema que obliga a la cotización al IMSS, así como los retos para cubrir estas pensiones por parte del Estado.

Capítulo II

Marco teórico

2.1 ANTECEDENTES HISTÓRICOS DE LA SEGURIDAD SOCIAL EN MÉXICO

> El 9 de diciembre de 1921, surge el primer proyecto de Ley del Seguro Obrero, promovido por el presidente de la República, el General Álvaro Obregón; en el contenido se incluían los derechos en favor de los trabajadores en tres clases:
>
> I.- Indemnizaciones por accidentes de trabajo,
>
> II.- Jubilación por vejez de los trabajadores y,
>
> III.- Seguro de vida de los trabajadores (Cormona, 2022)

El proyecto nunca fue aprobado por el Congreso de la Unión, pero sirvió como evidencia de que desde esa época ya se tenía contemplado implementar la Ley del Seguro Social en favor de los trabajadores.

Posteriormente el 6 de septiembre de 1929 se publica la fracción XXIX, del artículo 123 de la Constitución Política de los Estados Unidos Mexicanos en el DOF que a la letra dice:

> XXIX. Se considera de utilidad pública la expedición de la Ley del Seguro Social y ella comprenderá seguros de la invalidez, de vida, de cesación involuntaria del trabajo, de enfermedades y accidentes y otras con fines análogos (CPEUM, 1917)

Con esta publicación se cumple el propósito del General Álvaro Obregón, su iniciativa ahora forma parte de un modelo constitucional.

> Dicha reforma Constitucional dio ya al seguro social la categoría de un derecho público obligatorio, perfilándose con una

> personalidad e identidad propias, buscando su expresión reglamentaria al margen ya del derecho del trabajo, como hasta ahora ha permanecido (Ruiz, 2017 p. 95).

De tal suerte que se constituye el derecho a la Seguridad Social, quedando pendiente la Ley del Seguro Social Obligatorio e implementarla como derecho de los trabajadores y obligación de los patrones de proporcionar el beneficio Constitucional.

Posteriormente el presidente Abelardo Rodríguez Lujan crea una comisión, en el mes de febrero de 1934, para elaborar un Anteproyecto de Ley del Seguro Social, formando parte de este el maestro Mario de la Cueva. El presidente Lázaro Cárdenas del Río, continua con dicho proyecto e instituye a uno de sus más destacados colaboradores: Ignacio García Téllez, quien con base a los conocimientos adquiridos en los diversos cargos que desempeñó en las Secretarias y Departamentos del Estado, formará una nueva comisión con la participación de un grupo multidisciplinario de profesionistas misma que completa el" Anteproyecto de Ley del Seguro Social". Para la implementación se consideraron experiencias extranjeras de los Países Bajos en las "Cajas de Seguridad Social", así como expertos matemáticos en la actuaría social, quedando por fin terminada dicha Ley.

La publicación de la Ley del Seguro Social no fue posible dentro del período de gobierno del presidente Lázaro Cárdenas del Río. La expropiación petrolera acaparó el interés público.

A continuación, se muestran los gobiernos que trataron de implementar la Ley del Seguro Social, o que al menos incluyeron en sus promesas de campaña.

Figura 19. Presidentes de México, que pretendían implementar la Ley de Seguridad Social

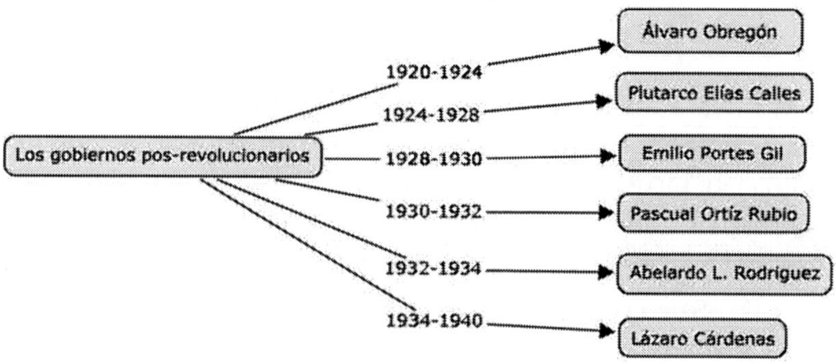

Fuente (Carmona, 2022)

En la figura 19, se muestran todos los presidentes de México, que durante el periodo de 1920 a 1940, pretendieron darles a todos los trabajadores mexicanos tan esperado beneficio. La Ley del Seguro Social.

2.2 CREACIÓN DEL INSTITUTO MEXICANO DEL SEGURO SOCIAL

Debido a las condiciones posrevolucionarias, no fue posible la creación de un organismo que atendiera la obligación constitucional de brindar seguridad social a la población, no es sino hasta, 1942 que se retoma implementar la Ley del Seguro Social, no obstante estar dentro de las prioridades, de los presidentes desde el año de 1920.

> Así, el 10 de diciembre de 1942, el presidente de la República Manuel Ávila Camacho, a instancias de Ignacio García Téllez, accedió a suscribir la iniciativa de Ley del Seguro Social para ser enviada al H. Congreso de la Unión. En sesión del 23 de diciembre de 1942, tras álgidas discusiones, la Cámara de Diputados aprobó el Decreto de Ley del Seguro Social, y el día 29 del mismo mes y año, la Cámara de Senadores la aprobó,

> en definitiva. Tan trascendental acto para la vida nacional se publicó en el DOF el 19 de enero de 1943, promulgándose la Ley del Seguro Social para beneficio del pueblo de México. (Ruiz, 2017 p. 98).

Al iniciar sus actividades el Instituto Mexicano del Seguro Social (IMSS), nombra como primer director al licenciado Santos Guajardo, pero el 3 de enero de 1944, el presidente Manuel Ávila Camacho, designó como nuevo director al abogado Ignacio García Téllez.

El IMSS se creó como un organismo público descentralizado, el primero en su género dentro de las instituciones burocráticas, al iniciar sus actividades había gran incertidumbre por parte de la sociedad.

Desde su nacimiento al IMSS, se le confió la organización y administración de los seguros obligatorios de: a) accidentes del trabajo y enfermedades profesionales; b) enfermedades no profesionales y maternidad, y c) invalidez, vejez, muerte y cesantía en edad avanzada.

La implementación del Instituto tuvo que enfrentar diversos problemas como inconformidad por ciertos sectores, negativas empresariales para aceptar el nuevo esquema de protección, desconfianza de ciertos sectores obreros, sabotajes y asaltos a las clínicas.

Con el trascurso de los años, el IMSS se consolidó. Fue así mismo, el precursor institucionalizado de la salud y el bienestar económico de millones de trabajadores en México.

Desde la entrada en vigor de la LSS se implementaron reformas y adecuaciones. En el año de 1973 con el presidente Luis Echeverría Álvarez, quien comisionó a diferentes funcionarios para que analizaran un anteproyecto de reforma a la Ley del Seguro Social. Una vez terminado éste se presentó para análisis al Consejo Técnico del Instituto Mexicano del Seguro Social, a la Secretaría del Trabajo y a la Presidencia de la República.

Posteriormente lo estudiarían la Organización Internacional del Trabajo (OIT), la Conferencia Interamericana de Seguridad Social (CISS). Una vez revisado y todos conformes por ser un cambio trascendental, desde su primera publicación en el año de 1943. El 12 de marzo de 1973, se publica el Decreto de la Ley del Seguro Social, misma que entró en vigor el 1ro. de abril de 1973.

> Es necesario resaltar que paso a paso la Ley evolucionaba definitivamente hacia la seguridad social integral dado que la Ley del Seguro Social de 1973 contaba con un esquema integral de protección que aglutinaba a los tres grandes rubros con que debe contar cualquier seguro social que se respete:
>
> a) Un sistema de salud;
>
> b) Un sistema de pensiones; y,
>
> c) Un sistema de prestaciones sociales—en el que deben incluirse las guarderías y obviamente la vivienda popular
>
> México tenía al fin una legislación de avanzada que -así como lo fue su Ley Federal del Trabajo de 1970-, sería un modelo a seguir en el contexto latinoamericano por el resto de los países del área. (Ruiz, 2017, p. 118)

Para darle una mayor coherencia Constitucional, fue preciso reformar nuevamente la fracción XXIX del ahora apartado "A" del artículo 123 Constitucional, en atención al principio de universalidad del servicio, que se presenta en la seguridad social moderna, de acuerdo con lo siguiente:

> XXIX. Es de utilidad pública la Ley del Seguro Social y ella comprenderá seguros de invalidez, de vejez, de vida, de cesación involuntaria del trabajo, de enfermedades y accidentes, de servicios de guardería y cualquier otro encaminado a la protección y bienestar de los trabajadores, campesinos no asalariados y otros sectores sociales y sus familiares; (CPEUM, 1917)

Como se ve en esta fracción se adicionan los servicios de guarderías, (para que los trabajadores cuando cumplan los requisitos de la LSS 1973 accedan al servicio de guarderías subrogadas por el IMSS; para el cuidado de sus hijos) ahora se considera que son sujetos de dichos beneficios los campesinos no asalariados, así como otros sectores sociales y sus familiares. De tal suerte que hay mayor espectro de la población con derecho a la Seguridad Social y más necesidades de los trabajadores.

La permanencia de la LSS 1973 fue de 22 años. En 1995 se presenta la exposición de motivos para analizar un nuevo cambio a dicha ley. Refieren que el cambio es importante para crear un sistema de pensiones más equitativo. Derivado de diversas investigaciones universitarias dedicadas al análisis del poder adquisitivo con relación a los productos básicos, se demostró que en los últimos once años la canasta básica indispensable se había incrementado mil 574 por ciento, mientras que el salario mínimo ha subido apenas 367 por ciento en el mismo lapso. La comparación surge porque una gran cantidad de pensionados recibía una pensión equivalente a un salario mínimo por tal motivo se busca modificar las bases de cálculo. En resumen, esto es parte de la justificación de los cambios a la LSS.

Posteriormente, por Decreto del Congreso de la Unión, se publica en el DOF el 21 de diciembre de 1995, la nueva Ley del Seguro Social, que entraría en vigor el 1ro. de enero de 1997, sin embargo, debido a que no estaban dadas las condiciones del nuevo sistema pensionario, esta se recorre para el 1ro. de julio de 1997. Es Ernesto Zedillo Ponce de León el presidente en funciones cuando esta nueva ley entra en vigor y vigente a la fecha.

A continuación, se muestra en fotografías la trayectoria que, a su 79 aniversario del Instituto Mexicano del Seguro Social, desde sus primeras clínicas y su evolución durante ya casi a sus primeras 8 décadas de permanencia en México ha evolucionado con relación a sus instalaciones, personal calificado y equipos necesarios para seguir brindando los servicios que a esta institución corresponde.

En la fotografía el director general del IMSS, Zoé Robledo Aburto y el presidente de México Andrés Manuel López Obrador, en el festejo del 79 aniversario del IMSS. (IMSS, 2022)

Fotografía de la fachada de una clínica del IMSS, al inicio de sus operaciones. (IMSS, 2022)

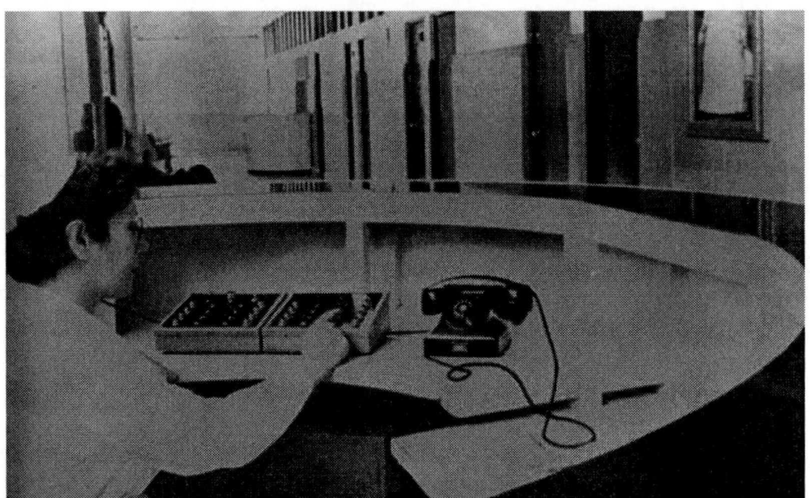

Fotografía, del interior de las clínicas del IMSS, al inicio de sus operaciones. (IMSS, 2022)

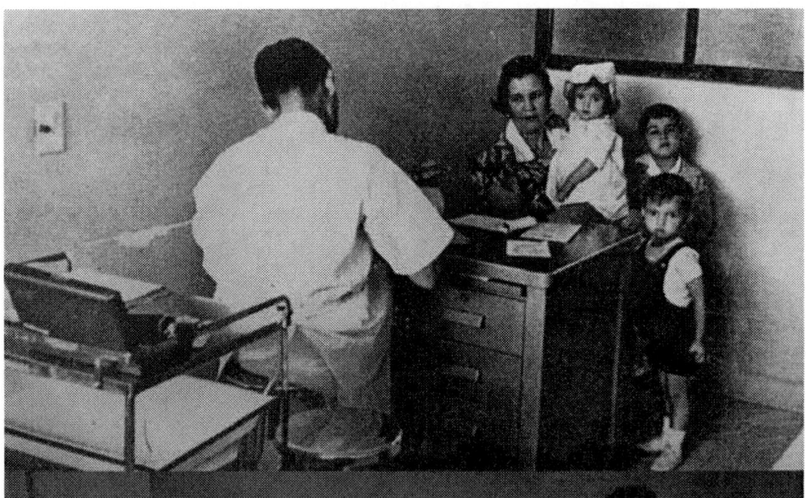

Fotografía, de cómo brindaban los servicios de consulta, a los derechohabientes en el IMSS. (IMSS, 2022)

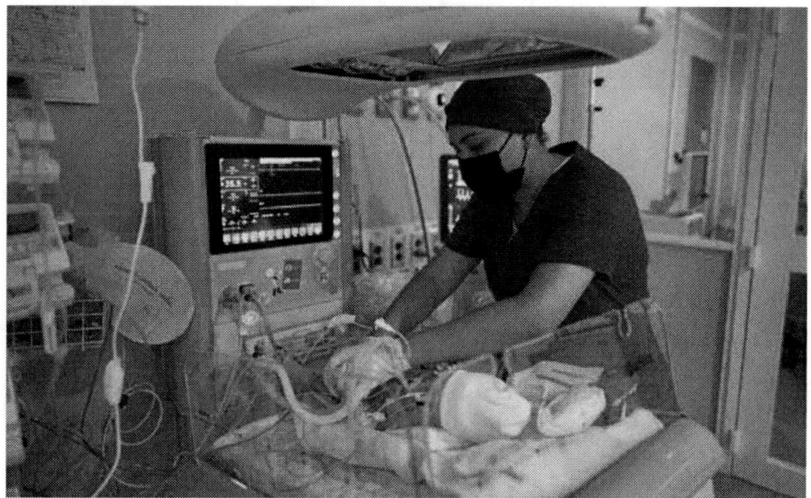

Fotografía, de cómo en la actualidad se encuentran las instalaciones en el IMSS, con equipos de alta tecnología, para prestar el servicio a sus derechohabientes. (IMSS, 2022)

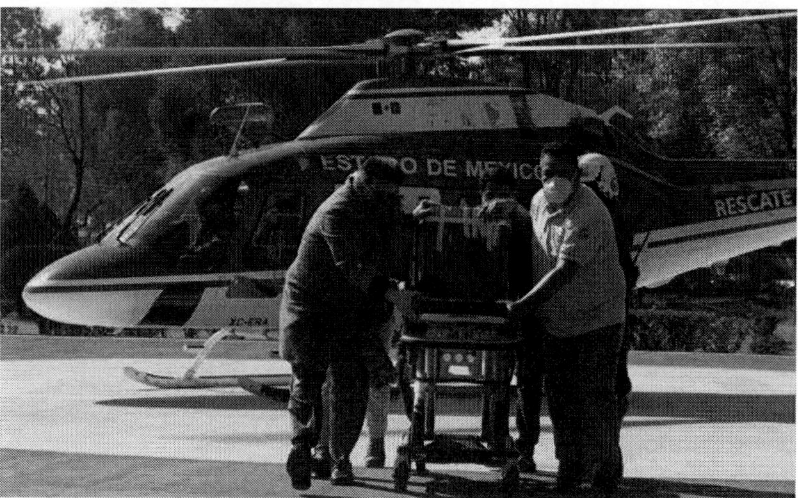

Fotografía en donde se muestra un traslado de órganos, para salvar la vida de un derechohabiente. (IMSS, 2022)

Como se puede observar a través de las fotografías, la evolución que ha tenido el IMSS es significativa, tanto en infraestructura como en equipo y personal que se encuentra involucrado en todos los servicios que presta esta gran institución, en favor de todos los mexicanos.

> En el mes de enero de 2022, el IMSS, cumple 79 años de existencia, siendo un factor muy importante para todos los derechohabientes. Durante ya casi ocho décadas ha ofrecido servicios médicos, culturales, educativos, prestaciones económicas. A lo largo de su historia ha demostrado su capacidad de respuesta ante desastres naturales y crisis sanitarias y epidemiológicas, con el compromiso de sus trabajadores, se brindan servicios de salud a 83.2 millones de mexicanos. (IMSS, 2022)
>
> El IMSS, atiende al mayor número de población: en el Régimen Ordinario a 71.6 millones de derechohabientes potenciales al cierre de 2021 y en el programa I-MSS-BIENESTAR a 11.6 millones de beneficiarios.
>
> Con un equipo de salud conformado por 146 mil enfermeras y enfermeros, y más de 84 mil médicas y médicos, en un día típico en el Régimen Ordinario se otorgan 404 mil 118 consultas, de las cuales 303 mil 469 son de Medicina Familiar, 54 mil 335 de Especialidades, 9 mil 938 de tipo dental y 36 mil 916 de Urgencias.
>
> Para atender la pandemia, se construyeron 11 Centros de Atención Temporal COVID-19 tres en Ciudad de México Norte, dos en Chihuahua y uno en Durango, Estado de México Poniente, Morelos, Jalisco, Nuevo León y Zacatecas que permiten sumar 736 camas. (IMSS, 2022)

Con los datos que se ofrecen en los párrafos anteriores, se nota porque el IMSS es una institución muy importante para todos los mexicanos. Sin embargo, con las cifras mencionadas del total de trabajadores y sus dependientes económicos que tienen derecho a la seguridad social, que son un total de 83.3 millones de mexicanos, a la fecha todavía hay millones de mexicanos que carecen de seguridad social, "en relación a la población nacional de alrededor de 133 millones" (Reloj de población de México, 2022).

2.3 CONCEPTO SEGURIDAD SOCIAL

La seguridad social constituye una parte toral en la estructura de cualquier Estado, comprometido a garantizar el derecho humano tanto a la salud, como a la obtención de los medios de subsistencia que permitan alcanzar el bienestar de todos los individuos y con ello fortalecer el desarrollo individual y colectivo, teniendo como eje rector la solidaridad y protección social de la población.

> La Organización Internacional del Trabajo (OIT), en la Conferencia Internacional del Trabajo, LXXXIX reunión, 2001 en su segundo apartado sobre las conclusiones relativas a la Seguridad Social destaca la importancia de esta como un elemento fundamental de las políticas de los Estados de la siguiente manera "La Seguridad Social es muy importante para el bienestar de los trabajadores, de sus familias y de toda la sociedad. Es un derecho humano fundamental, y un instrumento esencial para crear cohesión social. Forma parte indispensable de la política social de los gobiernos y es una herramienta importante para evitar y aliviar la pobreza. A través de la solidaridad nacional y la distribución justa de la carga, puede contribuir a la desigualdad humana, a la equidad y a la justicia social. También es importante para la integración política, la participación de los ciudadanos y el desarrollo de la democracia". (Pérez y Soto y Calderón, 2012 p. 82)

A continuación, se plantean las acepciones de diferentes autores de como perciben el concepto de Seguridad Social:

> Guillermo Cabanellas de Torres, comenta que la Seguridad Social integra el conjunto de normas preventivas y de auxilio que todo individuo por el hecho de vivir en sociedad recibe del Estado, para hacer frente así a determinadas contingencias previsibles y que anulan su capacidad de ganancia. Para otro análisis se está en los medios económicos, que se le procura al individuo, con protección especial, para garantizarle un nivel de vida suficiente, de acuerdo con las condiciones generales del país y en relación con un momento dado. (Pérez y Soto y Calderón, 2012, p. 82)

> José Bernedo Alvarado la define, "un derecho fundamental y al mismo tiempo como un instrumento de justicia social". El cual "Para cumplir con estas finalidades, debe basarse en los principios fundamentales de universalidad, solidaridad, igualdad, suficiencia, participación y trasparencia". En su concepción moderna, la Seguridad Social es considerada un componente insoslayable del sistema de protección social integral de la persona humana que implica el "(...) asegurar los ingresos indispensables para que las personas puedan vivir con dignidad y decoro; esta condición es, al mismo tiempo, un pilar esencial de los derechos humanos primordiales". Desde esta perspectiva, tanto los aspectos institucionales como administrativos, de la Seguridad Social deben estar al servicio del fin superior que constituye el bienestar general de la población. (Pérez y Soto y Calderón, 2012)

Estos dos autores dejan en claro que la SS, es una prestación que sirve de cobijo a los trabajadores, para con ello poder enfrentar determinadas contingencias en caso de enfermedad. La SS también genera los recursos económicos, que reciben durante el tiempo que se encuentren incapacitados de realizar sus actividades. Así mismo consideran que la SS es un derecho fundamental porque implica el asegurar los ingresos indispensables para que las personas puedan vivir con dignidad y decoro, ya que es un derecho primordial de todos los trabajadores contar con la protección de la SS, sin que ellos la pidan, ya que se trata de un derecho irrenunciable, a pesar de esto, a la fecha como ya se hizo mención en el contexto, existe un porcentaje muy alto de trabajadores sin esta prestación.

2.4 EL DERECHO A LA SEGURIDAD SOCIAL COMO DERECHO HUMANO BÁSICO, EN MÉXICO

En México la seguridad social, es un derecho laboral así lo consigna, el artículo 123 de la CPEUM, al indicar que la Ley del Seguro Social se considera de utilidad pública al establecer seguros encaminados al bienestar y protección de los trabajadores. También menciona que la seguridad social debe cubrir seguros de invalidez, de vejez, de vida, entre otros.

> Sin embargo, la seguridad social como derecho humano se encuentra desagregada en diversos artículos constitucionales, principalmente en el 1° y 4°, donde se señala el derecho a la salud, la alimentación, la vivienda, la recreación cultural y esparcimiento, y recientemente (en el año 2013) la inserción al texto constitucional de la pensión universal para adultos mayores y el seguro de desempleo, que han ingresado a una fase de instrumentación que ha encontrado limitaciones económicas y administrativas que han alejado a esa intención constitucional de la universalidad. (García, 2014)

La seguridad social se debe fundamentar como derecho humano, y a su vez como un componente básico de la seguridad nacional, para garantizar la subsistencia básica de los individuos que conforman una comunidad en términos de salud, educación, nutrición, vivienda y otros satisfactores.

Este argumento ha sido fundamental para concebir a la seguridad social como derecho humano, por la liberalización económica, el debilitamiento de los sistemas de apoyo social, también por los cambios tecnológicos en los medios de producción, la reorientación de los sistemas de relaciones laborales, que han provocado ciertamente diversas formas de inseguridad e incertidumbre para la ciudadanía.

En el artículo 2 de la LSS 1997, menciona lo siguiente:

> La seguridad social, tiene por finalidad garantizar el derecho a la salud, la asistencia médica, la protección de los medios de subsistencia y los servicios sociales necesarios para el bienestar individual y colectivo, así como el otorgamiento de una pensión que, en su caso y previo cumplimiento de los requisitos legales, será garantizada por el Estado. (LSS, 1997)

En relación con lo que se menciona en el anterior artículo, relativo a que, para poder acceder a los derechos mencionados, se tiene que cumplir con los requisitos legales, se hace el siguiente análisis:

México, el 10 de diciembre de 1948, se adhiere al Tratado de la Declaración Universal de los Derechos Humanos (DUDH), de la Organización de las Naciones Unidas (ONU), mediante Resolución 271-A (III), con arreglo a lo estipulado en el artículo 133 de la Constitución Política de los Estados Unidos Mexicanos (CPEUM), tal y como lo afirma dicho artículo, también es ley suprema de todo el territorio nacional; por lo tanto, el contenido de tales documentos forma parte del sistema jurídico mexicano.

Para que se comprenda mejor se transcriben los artículos 22 y 25 de la DUDH de la ONU, que establecen lo siguiente: (ONU, 2022)

> Artículo 22.
>
> Toda persona, como miembro de la sociedad, tiene derecho a la seguridad social, y a obtener, mediante el esfuerzo nacional y la cooperación internacional, habida cuenta de la organización y los recursos de cada Estado, la satisfacción de los derechos económicos, sociales y culturales, indispensables a su dignidad y al libre desarrollo de su personalidad. (ONU, 2022)
>
> Artículo 25.
>
> 1. Toda persona tiene derecho a un nivel de vida adecuado que le asegure, así como a su familia, la salud y el bienestar, y en especial la alimentación, el vestido, la vivienda, la asistencia médica y los servicios sociales necesarios; tiene asimismo derecho a los seguros en caso de desempleo, enfermedad, invalidez, viudez, vejez u otros casos de pérdida de sus medios de subsistencia por circunstancias independientes de su voluntad.
> 2. La maternidad y la infancia tienen derecho a cuidados y asistencia especiales. Todos los niños, nacidos de matrimonio o fuera de matrimonio, tienen derecho a igual protección social. (ONU, 2022)

De acuerdo con la interpretación de los artículos anteriores, todos los mexicanos tienen derecho a la seguridad social, por ende, a recibir una pensión, por parte del Estado, no como lo menciona el artículo 12 de la LSS 1997, que únicamente son sujetos de aseguramiento del régimen obligatorio los que cumplan los requisitos mencionados en las fracciones I, II, III y IV. (LSS, 1997)

> De la precitada DUDH, se deriva de una serie de Pactos Convenciones, Convenios y Tratados Internacionales existentes en el planeta en materia de los derechos humanos, hasta tal punto que existe la Convención de Viena sobre Derechos de los Tratados. Además conviene apuntar que la distinta Convención de Viena sobre el Derecho de los Tratados entre Estados y Organizaciones Internacionales, fue aceptado desde 1988 por el Presidente Miguel de la Madrid Hurtado y aprobado por el Senado de la república, procedimiento contemplado por el artículo 133 de la CPEUM; sin omitir señalar que aparte del texto de los Tratados, Convenios y Pactos Internacionales signados por México con arreglo a su Carta magna, debido al proceso inevitable de la globalización en todos los órdenes, la costumbre de lo pactado en tales Acuerdos Convencionales, son también considerados como una fuente formal y material de la ciencia del Derecho, proceso global que conviene decir ha dejado ya atrás las fronteras nacionales y ha vuelto difuso el concepto de soberanía que, en el siglo XXI requiere de una nueva definición jurídica. (Ruiz, 2020, p. 34).
>
> En materia de acceso pleno a la seguridad social, existe un artículo en el Pacto Internacional de Derechos Económicos, Sociales y Culturales (PIDESC), ratificado por México en 1981 y firmado en Nueva York, E.U.A., el país 19 de diciembre de 1966, a la fecha ya han transcurrido más de 42 años.
>
> Artículo 9. Los Estados Parte en el presente Pacto reconocen el derecho de toda persona a la seguridad social, incluso al seguro social. (Ruiz, 2020, p. 35)

Dicho artículo es desconocido por la gran mayoría de los mexicanos, porque en México la Seguridad Social es para los trabajadores, siempre y cuando el patrón este dentro de la formalidad.

2.5 PRINCIPIOS JURÍDICOS CONSTITUCIONALES

Los principios constituyen los fundamentos en que se sustenta la seguridad social contemporánea en la segunda década del siglo XXI.

Los Principios jurídicos constitucionales, son los grandes lineamientos contenidos de manera exclusiva en cada texto constitucional que define a un pueblo y a un Estado.

> Los principios jurídicos constitucionales apuntan básicamente a los valores éticos, sociales, legales e ideológicos que son o están consagrados en la CPEUM, a partir de los cuales se ajusta, constriñe, limita y deriva todo el ordenamiento jurídico del país (Uribe, 2022)

Los principios constitucionales reflejan la idea del Constituyente Originario, ya que es una norma de superior jerarquía o cualquier otra que emita el legislador ordinario, ya sea federal o local, así como en los actos de los organismos públicos descentralizados, como es el caso concreto de los seguros sociales.

> En definitiva, los principios constitucionales son muy necesarios pues, amén el servir de marco para la redacción de las leyes del Estado nacional, podrán ser utilizados al estructurar los reglamentos y normas administrativas que tienen que contener y respetar los principios que son garantes de la Constitución; y ya en la práctica cotidiana, permiten una sana relación jurídica y sociopolítica entre los ciudadanos y el Estado, acotando así las decisiones e ideología del Gobierno en turno debido a que en gran medida los principios referidos se fundan en valores culturales de todo un país. (Ruiz, 2020, p. 56).

Existen principios jurídicos comunes entre diversos países, esto facilita que los países se asocien en organizaciones internacionales, como es el caso de la ONU y OIT, por dar un par de ejemplos, pertenecer a ellos implica que se acepten y firmen Tratados, Pactos o Convenios Internacionales afiliarse a estos organismos es, avalado por el artículo 133 de la CPEUM.

De los principios constitucionales de un Estado de derecho, el más importante es el que refiere a la aplicación de las leyes circunstancia que implica la igualdad ciudadana, el Estado no puede hacer nada que no esté expresamente contemplado en la ley, esto para garantizar un equilibrio de justicia social, de ahí lo conveniente en la separación de los poderes del Estado en: Legislativo, Judicial y Ejecutivo.

> El Dr. Ángel Guillermo Ruiz Moreno, en la "Semana Nacional de la Seguridad Social" del Senado de la república en su versión de 2013, fue invitado por la Comisión de Seguridad Social de la llamada Cámara Alta del Congreso de la Unión, para participar como Ponente y abordar el complejo tema de los principios en materia de seguridad social, para dicha participación elaboró un artículo en donde describe diferentes principios, con la finalidad de lograr la integración correcta de un sistema de seguridad social: (Ruiz, 2013).

Resulta importante mencionar parte del contenido de los principios en materia de Seguridad Social, descritos por el Dr. Ángel Guillermo Ruiz Moreno, los cuales hablan de los derechos y obligaciones que deben conocer los derechohabientes del IMSS.

Ruiz (2013) describe el contenido de todos los principios en materia de Seguridad Social, de acuerdo a lo siguiente:

- Principio de Universalidad. Quiere decir que se aplique la Ley en forma general independientemente si son personas productivas o improductivas, ya sean niños o ancianos, para recibir cobertura en caso de contingencias naturales.
- Principio de Solidaridad Social. Este se considera el principio más básico, porque, sin la solidaridad social no puede haber seguridad social como protección social genérica para todos los ciudadanos lo que conlleva poder brindar las prestaciones legales previstas en las necesidades de cada individuo.

- Principio de Unidad Orgánica. Es el encargado de brindar servicios públicos a través de organismos públicos descentralizados, creados por el Estado.
- Principio de Obligatoriedad. Para que el Instituto Mexicano del Seguro Social pueda atender las necesidades Sociales que dispone la CPEUM existe la obligación de afiliación de los derechohabientes, así como de pagar las cuotas establecidas. Quienes voluntariamente se afilian al IMSS participan de esa obligatoriedad de inscripción y pago.
- Principio de Equidad. Se refiere al trato de igualdad de justicia redistributiva para todo asegurado, con relación a la seguridad social.
- Principio de Subsidiaridad. Consiste en el pago de las cuotas obrero-patronales, realizadas en forma tripartita; patrón, trabajadores y Estado, para que afronte los riesgos a que se halla expuesto cotidianamente el trabajador.
- Principio de Sustancialidad. Se refiere a la protección de los asegurados para que reciban las prestaciones contempladas en el marco normativo legal, en caso de que por causas ajenas a su voluntad interrumpan su actividad, les sea sustituido su ingreso, ya sea temporal o permanentemente, para cubrir sus necesidades económicas.
- Principio de Uniformidad. Evitar en lo posible las desigualdades entre personas que deben ser objeto de la prestación en dinero o en especie.
- Principio de expansión. Quiere decir que el servicio público de la seguridad social, se debe de expandir a grupos sociales desprotegidos, para con esto cumplir con el Principio de Universalización, para así lograr un más amplio y mejor nivel de protección colectiva.

Resulta muy importante lo que menciona el Dr. Ruiz Moreno en este principio, en relación a los migrantes derivado que por algún tiempo cotizan en México, en cualquiera de las instituciones privadas o púbicas, pero durante el tiempo que están fuera de México no tienen continuidad en los derechos ganados y empiezan de cero en el nuevo país de residencia, esto para quienes residen de manera legal, pero en caso contrario se encuentran completamente desprotegidos.

Se continúa con los siguientes principios:

- Principio de Internacionalidad. Consiste en crear acuerdos internacionales para que, en cualquier país, se sumen los aportes efectuados a la seguridad social por medio de la portabilidad de derechos.
- Principio de Eficiencia y Sostenibilidad Financiera. Este deja claro el gran compromiso de aplicar los conocimientos actuariales correctos para conservar la sostenibilidad financiera en el futuro.

> En síntesis, confío haber podido trasmitir al lector la enorme importancia y trascendencia de los principios jurídicos constitucionales y específicamente en materia de seguridad social, que todos los especialistas en esta compleja materia esperemos se establezca en nuestra Carta Magna para que impongan y delimiten la manera de desarrollar legalmente nuestro sistema nacional de seguridad social, evitando las socialmente repudiadas discrecionalidades del gobernante o legislador en turno, que deberían ajustarse en todo tiempo y lugar a la norma Constitucional que juraron respetar cuando asumieron el encargo público que democráticamente les confirió el pueblo soberano,(Ruiz, 2013).

Se mencionan los principios que tienen que estar presentes, con el objetivo de diferenciarlos y que todos los mexicanos los conozcan de tal suerte que con base en su contenido se haga valer el derecho que tienen a la SS, puesto que de acuerdo a las fracciones XII y XXIX del Apartado A, como en las fracciones XI y XIII del Apartado B del artículo 123 de la CPEUM se tiene que dar a conocer ambos apartados para así lograr que se establezca en México una Seguridad Social Universal, puesto que los trabajadores que laboran para un patrón informal no tienen derecho a las prestaciones que ampara la Seguridad Social.

Sin embargo, bajo el principio de igualdad de derechos que tienen los trabajadores para acceder a la seguridad social, este tema de la informalidad por parte de un patrón, no debería ser una limitante que restrinja la posibilidad de disfrutar los beneficios de esta ya que, un trabajador debe acceder a la seguridad social con independencia de la situación jurídica que ostente el patrón.

> Efectivamente la frecuente confusión terminológica o conceptual que se ha desarrollado acerca del trabajo (empleo) en nuestro país no permite garantizar que todo ser humano disfrute de las garantías efectivas al pleno respecto de este derecho humano en el ámbito laboral.
>
> Ya hemos visto antes que estas garantías son de suyo irrenunciables e inalienables para todas las personas; sin embargo, tenemos en el país una Ley Federal del Trabajo multi reformada que tan sólo regula al empleo formal subordinado, dejando intocado al trabajo informal, llamado también "trabajo no regulado", un trabajo abiertamente autónomo que es con mucho de mayor volumen que el denominado empleo decente. Así, México carece de una legislación propia que regule elementalmente al trabajador informal, el comercio, el profesionalismo, el emprendurismo, y que tienda de manera consistente, si no a formalizarlo, sí al menos a vigilar su desarrollo para evitar que algunos se aprovechen y abusen de la condición económica de los individuos. (Ruiz, 2017, p. 33).

Es indispensable que las autoridades encargadas implementen una regulación para que con el transcurso del tiempo se incremente el porcentaje de los trabajadores con derecho a la SS, esto resulta en favor al Estado, porque se incrementa la recaudación de impuestos, para solventar el gasto público.

2.6 MODALIDADES DE ASEGURAMIENTO Y TIPO DE SEGURO

Dentro de la Ley del Seguro Social existen diferentes modalidades que se pueden contratar, unas consideradas de manera obligatoria y otras de forma voluntaria, de acuerdo con el siguiente listado.

Figura 20. En donde se reflejan todas las Modalidades de aseguramiento y tipo de seguro del IMSS, vigentes a la fecha

MODALIDADES DE ASEGURAMIENTO Y TIPO DE SEGURO							
MODALIDAD	DESCRIPCIÓN ASEGURADOS	SEGURO DERECHO A					
		SRT*	SEM*	SIV*	SRCV*	SGPS*	Derecho a recibir una prestación en dinero que se otorga al asegurado en caso de una enfermedad laboral o no laboral que lo incapacite para el trabajo
RÉGIMEN OBLIGATORIO							
MODALIDAD 10 IMSS	Trabajadores permanentes y eventuales de la ciudad	X	X	X	X	X	SEM, SRT
MODALIDAD 13 IMSS	Trabajadores permanentes y eventuales del campo	X	X	X	X	X	SEM, SRT
MODALIDAD 14 IMSS	Trabajadores eventuales del campo cañero	X	X	X	X	X	SEM, SRT
MODALIDAD 17 IMSS	Reversión de cuotas por subrogación de servicios	X	X	X	X	X	SEM, SRT
MODALIDAD 30 IMSS	Productores de caña de azúcar	X	X	X	X		
RÉGIMEN VOLUNTARIO							
MODALIDAD 32 IMSS	Seguro Facultativo	X					No
MODALIDAD 33 IMSS	Seguro de Salud para la Familia	X					No

MODALIDAD 34 IMSS	Trabajadores domésticos	X	X	X	X		No
MODALIDAD 35 IMSS	Patrones personas físicas con trabajadores a su servicio	X	X	X	X		5/ SRT
MODALIDAD 36 IMSS	Trabajadores al servicio de los gobiernos de los estados		X				No
MODALIDAD 38 IMSS	Trabajadores al servicio de los gobiernos de los estados	X	X				No
MODALIDAD 40 IMSS	Continuación voluntaria en el Régimen Obligatorio			X	X		No
MODALIDAD 42 IMSS	Trabajadores al servicio de los gobiernos de los estados	X	X	X	X		SRT
MODALIDAD 43 IMSS	Incorporación voluntaria del campo al Régimen Obligatorio		X	X	X		No
MODALIDAD 44 IMSS	Trabajadores independientes		X	X	X		No

Fuente: (IMSS, 2020, p. 350)
*SRT: Seguro de Riesgos de Trabajo
*SEM: Seguro de Enfermedades y Maternidad
*SIV: Seguro de Invalidez y Vida
*SRCV: Seguro de Retiro, Cesantía en Edad Avanzada y Vejez
*SGPS: Seguro de Guarderías y Prestaciones Sociales

2.6.1 Las modalidades 10, 13, 14, 17 y 30

Las modalidades 10,13,14,17 y 30, pertenecen al Régimen Obligatorio, que de acuerdo con el artículo 11 de la LSS 1997, que a la letra dice:

Artículo 11. El régimen obligatorio comprende los seguros de:

I. Riego de trabajo.

II. Enfermedades y maternidad;

III. Invalidez y vida;

IV. Retiro, cesantía en edad avanzada y vejez; y

V. Guarderías y prestaciones sociales.

El régimen obligatorio regulado en el Título Segundo de la LSS 1997, cubre las 5 ramas de seguros arriba anotadas cumpliendo así lo que se estipula en la fracción XXIX del artículo 123 de la CPEUM.

Por otro lado, el régimen obligatorio se divide en 5 modalidades de aplicación:

- Modalidad 10, trabajadores permanentes y eventuales de la ciudad.
- Modalidad 13, trabajadores permanentes y eventuales del campo.
- Modalidad 14, trabajadores permanentes y eventuales del centro cañero.
- Modalidad 17, trabajadores de sociedades cooperativas, las personas que determine el Ejecutivo Federal a través del decreto respectivo,
- Modalidad 30, productores de caña de azúcar. (IMSS, 2020)

El derecho a la seguridad social es de aplicación estricta. Analizar el texto de los artículos 5-A, 8° y 9° de la LSS 1997, para adquirir una mayor comprensión con respecto a la fuerza y alcance de las normas jurídicas en esta materia de estricto derecho, preceptos normativos sobre lo que se estructuran los esquemas operativos y administrativos del IMSS.

La legislación federal proporciona seguridad jurídica al establecer en distintas Leyes, tal es el caso del concepto de salario o salarios (definidos en la Ley Federal del Trabajo), de tal suerte que no haya dudas, interpretaciones incorrectas o vaguedades, y se aplique e interprete la ley de conformidad al contenido del artículo 5-A de la LSS 1997.

Con respecto al artículo 8°, para que los derechohabientes puedan recibir las prestaciones que la LSS otorga, el IMSS expide un documento de identificación a fin de estar en posibilidades de ejercer los derechos que la ley confiere, según sea el caso. (LSS, 1997)

El artículo 9° habla de las sanciones aplicables a los responsables por no registrar a los trabajadores en el IMSS, misma que recae en el patrón. (LSS 1997)

Figura 21. En donde se refleja el total de derechohabientes, de acuerdo con las diferentes modalidades de aseguramiento

ASEGURAMIENTO EN EL IMSS, 2020-2021
(número de casos)

Tipo de afiliación	Tipo de régimen	2020	2021	Variación	
				Absoluta	Relativa %
Asegurados		**27'735,887**	**28'916,673**	**1'180,786**	**4.3**
Aseguramiento asociado a puestos de trabajo		**19'773,732**	**20'620,148**	**846,416**	**4.3**
Modalidad					
10 Permanentes y eventuales de la ciudad	RO	18'645,001	19'439,594	794,593	4.3
13 Permanentes y eventuales del campo	RO	428,957	489,203	60,246	14.0
14 Eventuales del campo cañero	RO	41,301	38,893	-2,408	-5.8
17 Reversión de cuotas por subrogación de servicios	RO	70,678	67,307	-3,371	-4.8
30 Productores de caña de azúcar	RO	85,137	84,747	-390	-0.5
34 Domésticos	RV	199	136	-63	-31.7
35 Patrones personas físicas con trabajadores a su servicio	RV	5,953	5,789	-164	-2.8
36 Al servicio de gobiernos estatales, municipales y organismos descentralizados[1/]	RV	160,085	160,333	248	0.2
38 Al servicio de las administraciones públicas federal, entidades federativas y municipios[1/]	RV	271,214	269,476	-1,738	-0.6
42 Al servicio de las administraciones públicas federal, entidades federativas y municipios[1/]	RV	25,226	24,835	-391	-1.5
43 Incorporación voluntaria del campo al Régimen Obligatorio	RV	16,935	15,376	-1,559	-9.2
44 Independientes	RV	23,046	24,459	1413	6.1
Aseguramiento sin un empleo asociado		**7'962,155**	**8'296,525**	**334,370**	**4.2**
Modalidad					
32 Seguro Facultativo (estudiantes)	RV	7'526,600	7'850,228	323,628	4.3
33 Seguro de Salud para la Familia	RV	223,759	204,455	-19,304	-8.6
40 Continuación Voluntaria en el Régimen Obligatorio	RV	211,796	241,842	30,046	14.2
Total Régimen Obligatorio	**RO**	**19'271,074**	**20'119,744**	**848,670**	**4.4**
Total Régimen Voluntario	**RV**	**8'464,813**	**8'796,929**	**332,116**	**3.9**

Fuente: Informe al Ejecutivo Federal y al Congreso de la Unión sobre la Situación Financiera y los Riesgos del IMSS 2021-2022 (IMSS, 2022, p. 20)

> En 2021, el número de personas aseguradas en el IMSS aumentó de forma anual en 1´180,786 (4.3%). Los puestos de trabajo, tuvieron un incremento histórico de 846,416 (4.3%), debido principalmente a la recuperación de los puestos en la modalidad 10, Permanentes y eventuales de la ciudad.
>
> Adicionalmente, destaca el incremento en el aseguramiento de las personas trabajadoras eventuales del campo e independientes, ante la implementación del programa piloto para estas últimas. En conjunto, estas sumaron 61,659 nuevas personas aseguradas.
>
> Así mismo, las personas aseguradas sin un empleo asociado, aumentaron en 33,370 (4.2%), la mayor parte de ellas corresponde a Jóvenes Construyendo el Futuro y a estudiantes afiliados al Seguro Facultarivo. (IMSS, 2022)

De acuerdo a los datos de la figura 21, se muestra un importante incremento de personas aseguradas con relación al ejercicio fiscal 2020, de acuerdo a la información que aparece en los párrafos anteriores, el total del incremento de las personas aseguradas, el mayor número corresponde a la modalidad 10, el segundo lugar lo ocupa la modalidad 32, en tercer lugar se encontraba la Modalidad 40 misma de la que más adelante se hará una descripción más detallada, por ser e tema principal de la presente investigación, el útimo lugar corresponde al seguro de Salud para la Familia, que este tuvo un decremento en el año 2021 de 19,304 personas que dejaron de contratar esta modalidad.

2.6.2 Modalidad 32

La Modalidad 32, identificada como "Seguro facultativo", es un régimen que únicamente cubre la rama del IMSS el Riesgo de trabajo, y consiste en la prestación de servicios a los estudiantes de nivel medio superior y superior.

El seguro facultativo no se encontraba contemplado en la LSS 1997 original. El 14 septiembre de 1998, se publicó el decreto donde queda incorporado al régimen obligatorio y es contemplado en los artículos: 12 fracción III, 91 y 94 fracción I, de la LSS 1997. El objetivo es otorgar seguros básicos a las personas que cursen estudios de tipo medio superior y superior, en instituciones educativas del Estado, quedando incorporada la rama de Enfermedades y maternidad.

Figura 22. Se muestra el total de afiliados en la Modalidad 32

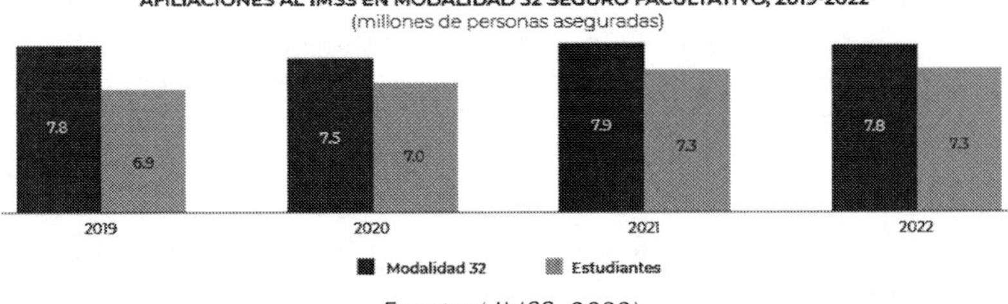

Fuente: (IMSS, 2022)

> En esta modalidad de aseguramiento se incluye a familiares del personal del IMSS y de la Comisión Federal de Electricidad (CFE), y a las personas becarias del programa Jóvenes Construyendo el Futuro, cuyas cuotas son cubiertas en su totalidad por la Secretaría del Trabajo y Previsión Social. (IMSS, 2022)
>
> Al cierre de 2021, había 7.9 millones de afiliaciones en la modalidad 32 Seguro Facultativo, de ellas 7.3 millones eran estudiantes cuya afiliación fue a través de una institución educativa. Esta cifra permanece estable hasta abril de 2022. (IMSS, 2022)

La Modalidad 32 resulta de gran trascendencia ya que la mayor parte de los afiliados corresponde a personas que cursan estudios de tipo medio superior y superior, en instituciones educativas del Estado, siendo este el único requisito que tienen que cumplir, para ser derechohabientes de esta modalidad, por consiguiente, no está limitado por la edad, como es en el caso de los beneficiarios de las personas aseguradas, donde el límite de edad es de 25 años.

2.6.3 Modalidad 34

Modalidad 34, Régimen obligatorio de los trabajadores domésticos

Publicado en el DOF el 2 de julio de 2019, como programa piloto. Se trata de la incorporación formal de las personas trabajadoras del hogar al régimen obligatorio de seguridad social, de acuerdo con la facción IV del artículo 12 de la LSS 1997.

La inscripción en la modalidad 34 de incorporación voluntaria al régimen obligatorio es a solicitud expresa del patrón persona física, a quien el doméstico presta los servicios.

Figura 23. En donde se muestran los datos de los afiliados en la Modalidad 34

Fuente: (IMSS, 2022, p. 28)

> Durante el mes de abril de 2022 (vigencia en mayo), se afiliaron 47,080 personas al Programa Piloto de Personas Trabajadoras del Hogar (66% mujeres y 34% hombres), esto significa 12 veces más que el número de puestos registrados en el esquema anterior (modalidad 34) en abril de 2019, cuando se registró el máximo histórico de dicho esquema. (IMSS, 2022, p. 28)

El programa piloto inicio el 30 de marzo de 2019, de acuerdo con el artículo 331 del Decreto publicado el 2 de julio de 2019, menciona que la persona trabajadora del hogar es aquella que de manera remunerada realiza actividades de cuidados, aseo y asistencia.

Actualmente opera el plan piloto número II, y al igual que el inicial la persona empleadora registra de manera voluntaria al trabajador del hogar en este esquema.

El registro en esta modalidad beneficia ampliamente los trabajadores del hogar su relación de derechohabientes está regulada por el artículo 11 de la LSS 1997, por lo tanto, tienen derecho a lo siguiente:

- Acumular semanas para tener derecho a la pensión una vez que se cubran los requisitos para obtenerla.
- Registrar a sus beneficiarios.
- Servicio de guarderías y prestaciones sociales.
- El SBC, se determina de acuerdo con lo estipulado en el artículo 28 de la LSS 1997. (LSS, 1997)

Quienes accedan a esta modalidad, y con anterioridad ya tenían semanas cotizadas en el régimen obligatorio, tendrán oportunidad de restablecer sus derechos para una vez cumplidos los requisitos de la LSS que les aplique ya sea la LSS 1973 o la LSS 1997, tengan derecho a pensionarse.

2.6.4 Modalidad 35, 43 y 44

2.6.4.1 Modalidad 35 Patrones personas físicas con trabajadores a su servicio

La Modalidad 35 del IMSS fue diseñada para personas físicas que dan empleo a otras personas físicas. Para que la persona física con la calidad de patrón acceda a esta modalidad deberá contar al menos con un trabajador a su servicio. (LSS, 1997)

Todos los esquemas voluntarios de aseguramiento tienen limitaciones en la inscripción inicial, de acuerdo con los artículos 81, 82 y 83 del Reglamento de la Ley del Seguro Social en Materia de Afiliación, Clasificación de Empresas, Recaudación y Fiscalización (RACERF).

A continuación, se menciona una síntesis del contenido de los artículos mencionados en el párrafo anterior:

- Art. 81. En todos los casos y previamente al aseguramiento los sujetos de referencia y beneficiarios deberán llenar y firmar un cuestionario médico de forma individual, en el caso de menores de edad o incapacitados el llenado y firma estará a cargo del asegurado.
- Art. 82. No será sujeto de aseguramiento el solicitante que presente, enfermedad preexistente tales como: tumores malignos; enfermedades crónico degenerativas como: complicaciones tardías de la diabetes mellitus, enfermedades por atesoramiento (enfermedad de gaucher); enfermedades crónicas del hígado: insuficiencia renal crónica; valvulopatías cardíacas; insuficiencia cardíaca: secuelas de cardiopatía isquémica (arritmia, ángor o infarto del miocardio); enfermedad pulmonar obstructiva crónica con insuficiencia respiratoria, entre otras;
- Art- 83. Las prestaciones en especie, al asegurado y sus beneficiarios se proporcionarán en los tiempos establecidos en este artículo teniendo en cuenta el tipo de enfermedad que se presente de acuerdo a lo siguiente:

I. Seis meses: Tumoraciones benigna de mama.

II. Diez meses: Parto

III. Un año: Litotripicia, cirugía de padecimientos ginecológicos, excepto neoplasias malignas de útero, ovarios y piso perineal, cirugía de insuficiencia venosa y várices, cirugía de senos paranasales y nariz, cirugía de varicocele, hemorroidectomía y cirugía de fistulas rectales y prolapso de recto, Amigdalectomía y adenoidectomía, cirugía de hernias, excepto hernia de disco intervertebral, cirugía de hallux valgas, cirugía de estrabismo.

IV. Dos años: Cirugía ortopédica. (Ediciones Fiscales ISEF, S, A., 2022)

Por otro lado, con fundamento en el artículo 85 del RACERF, no se aplicarán las disposiciones señaladas en los artículos 81, 82, y 83 del RACERF, a las personas que soliciten su afiliación, siempre que:

- Dicha incorporación se lleve a cabo dentro de los 12 meses posteriores a la baja del solicitante ya sea como asegurado o beneficiario legal registrado en el Régimen Obligatorio.
- Y que hubieran estado registrados en el Régimen Obligatorio 52 semanas previas a dicha baja, artículo 85 RACERF.

El SBC, con el que se registre a la Modalidad 35, será el SMG vigente al momento de la incorporación a dicha modalidad, los pagos se cubrirán por anualidades adelantadas con base al artículo 223 de LSS 1997. (LSS,1997)

De acuerdo con la figura 21, 5,789 beneficiarios están inscritos en la Modalidad 35, sin embargo, se refleja una disminución en comparación con el ejercicio fiscal 2021. (IMSS, 2022, p. 20)

2.6.4.2 Modalidad 43 Incorporación voluntaria del campo al Régimen Obligatorio

Derivado del Plan Nacional de Desarrollo 2007-2012, para fomentar la equidad, la inclusión laboral, la consolidación de la previsión social y el trabajo digno, mediante la atención prioritaria a grupos en situación de vulnerabilidad, a partir de políticas focalizadas particularmente en materia del trabajo temporal en el campo de grupos migratorios, el 24 de julio de 2007 se publicó en el DOF el Decreto por medio del cual se otorgan beneficios fiscales aplicables a los patrones del campo que contraten trabajadores eventuales.

Los patrones del campo y los trabajadores eventuales deberán estar registrados e inscritos ante el IMSS en los términos y condiciones establecidos en la LSS, la cual menciona en la fracción III del artículo 12 de la LSS 1997 que, de acuerdo con el artículo segundo del decreto mencionado se exime parcialmente a los patrones del campo, así como a los trabajadores eventuales del campo de pagar cuotas al IMSS de acuerdo a ciertas consideraciones.

Dicho Decreto ha sido renovado en diferentes ocasiones para otorgarle continuidad. La publicación vigente a la fecha es la del 30 de diciembre de 2020, aplicable al periodo 2021-2022. Los beneficios vigentes son los siguientes:

> Para el ejercicio fiscal 2021, se exime parcialmente a los patrones del campo y a las personas trabajadoras eventuales del campo de la obligación de pagar sus cuotas hasta por un monto equivalente a la diferencia que resulten de considerar 2.10 veces la UMA, siempre y cuando el salario base de cotización sea superior a 2.10 veces la UMA. Para el ejercicio fiscal de 2022, el límite aumenta de 2.10 veces a 2.20 veces la UMA. Esta medida busca incentivar el sector patronal para que declaren el salario verdadero y cumplan con la responsabilidad social de asegurar a sus personas trabajadoras, y así incrementar la cobertura y la recaudación del Instituto. (IMSS, 2022, p. 30)
>
> A diciembre de 2021, estaban adheridas al citado Decreto 1,906 patrones con 195,032 personas afiliadas trabajadoras eventuales del campo. De estos últimos, 108,683 cotizaron con un salario mayor a 2.10 veces la UMA, es decir superior a 188.20 pesos en la zona denominada resto del país, y 30,341 cotizaron con un salario mayor a 2.50 veces la UMA, es decir, superior a 224.05 pesos en la Zona Libre de la Frontera Norte (IMSS, 2022, p. 30).

Los beneficios mencionados se perderán en caso de que los patrones del campo incumplan las obligaciones a su cargo previstas en la LSS, esto es considerado en el artículo cuatro del Decreto publicado el 24 de julio de 2007.

En la figura 21, el total de trabajadores afiliados al IMSS son 15,376 aun cuando en los datos reflejados en el informe IMSS 2021-2022 se menciona un número superior a este, la discrepancia es porque se trata de trabajadores eventuales y a la fecha nada más se encontraban vigentes el número de trabajadores mencionados en este párrafo.

2.6.4.3 Modalidad 44 Trabajadores independientes

El 13 de enero de 2021, se publicaron en el DOF las reglas de carácter general por la prueba piloto del esquema simplificado para la incorporación voluntaria al régimen obligatorio del Seguro Social de personas trabajadoras independientes

> Con este nuevo esquema de aseguramiento, las personas trabajadoras independientes tienen acceso a los cinco seguros con que cuenta el IMSS: Enfermedades y Maternidad (aplican tiempos de espera para la atención de ciertos padecimientos), Riesgos de Trabajo, Invalidez y Vida, Retiro, Cesantía en Edad Avanzada y Vejez, Guarderías y Prestaciones Sociales. Él aseguramiento es con base en el ingreso real del trabajador independiente. Con límite inferior, de acuerdo con el salario mínimo de la zona geográfica, y como límite superior, 25 veces la UMA. El aseguramiento es por mes y el pago mensual anticipado se puede realizar en línea. Además de los servicios de salud y seguridad extensiva a familiares, otro beneficio que tendrán las personas trabajadoras independientes es la reactivación de su Fondo de Ahorro para el Retiro, si es que tienen historial de cotizaciones. (IMSS, 2022, p. 28).

En la regla 5.6 queda establecido que las prestaciones en especie, están sujetas a los tiempos de espera de conformidad con el artículo 86 del RACERF, los cuales se determinan con relación al tipo de padecimientos y tratamientos requeridos.

La regla 6.3 establece la determinación de cuotas obrero patronales al Seguro de Trabajo, (Modalidad 44) se calcularán las cuotas de conformidad con la división, grupo y fracción que corresponda a la actividad de la persona trabajadora independiente, de acuerdo con el catálogo establecido en el artículo 196 del RACERF correlacionado con el 73 de la LSS 1997.

Con relación al párrafo anterior, los trabajadores independientes, antes de realizar su incorporación al IMSS, tendrán que identificar la división, grupo y fracción que corresponda a la actividad que desarrollan, para que se cubra el porcentaje que les aplique en relación con la prima de riesgo de trabajo de acuerdo al artículo 73 de la LSS 1997, que a la letra dice:

> Artículo 73. Al inscribirse por primera vez en el Instituto o al cambiar de actividad, las empresas cubrirán la prima media de la clase que conforme al Reglamento les corresponda, de acuerdo a la tabla siguiente:
>
> | Prima media | En por cientos |
> |---|---|
> | Clase I | 0.54355 |
> | Clase II | 1.13065 |
> | Clase III | 2.59840 |
> | Clase IV | 4.65325 |
> | Clase V | 7.58875 |
>
> Se aplicará igualmente lo dispuesto por este artículo cuando el cambio de actividad de la empresa se origine por una sentencia definitiva o por disposición de esta Ley o de un reglamento. Párrafo adicionado DOF 20-12-2001 (Ediciones Fiscales ISEF, S, A., 2022)

Esta modalidad, novedosa es una buena opción para que las personas físicas que realicen cualquier actividad de forma independiente, tengan la oportunidad de acceder a la Seguridad Social con la ventaja de que conservan sus derechos adquiridos con base al tiempo que con anterioridad cotizaron como trabajadores subordinados a un patrón, de igual manera, esta modalidad puede ser contratada por quienes nunca han tenido alguna relación patronal la Modalidad 44 es una oportunidad para que trabajadores independientes o de la informalidad estén cubiertos, por los seguros estipulados en el Art. 11 de la LSS 1997. (LSS, 1997)

A la fecha ha resultado de gran interés, como se muestra en la siguiente figura donde se consigna el número de personas que ya están inscritas en la Modalidad 44.

Figura 24. En donde se muestra, el total de personas trabajadores independientes, que, a la fecha indicada en la gráfica, se han integrado en dicha modalidad

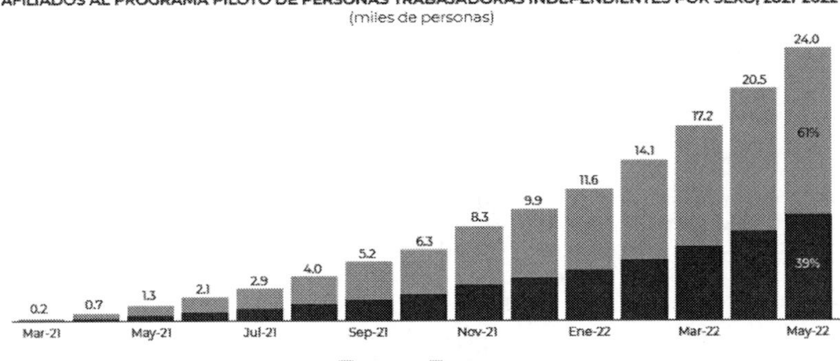

Fuente: (IMSS, 2022, p. 29)

> El salario promedio registrado en abril de 2022 es de 248.73 pesos diarios Las entidades de Nuevo León, Ciudad de México, Estado de México y Guerrero concentran 31% de los afiliados, mientras que 59% se encuentra en el rango de 51 a 70 años de edad. Los sectores que destacan son comercio, servicios para empresas, personas y hogar, y servicios sociales y comunales con 83% del total de afiliados. (IMSS, 2022, p. 29).

De acuerdo a los datos mencionados en el párrafo anterior más del 50% de los que contrataron la Modalidad 44, corresponde al rango de 51 a 70 años. Razón por la cual, podría tratarse de derechohabientes de la LSS 1973, con la intención de la recuperación de derechos adquiridos por haber cotizado con anterioridad como empleados y con ello cumplir con los requisitos de la LSS 1973, para poder tener derecho a una pensión por parte del IMSS.

2.6.5 Modalidad 36 y 38

2.6.5.1 Modalidad 36 Trabajadores al servicio de los gobiernos de los estados

La LSS 1997, en su artículo 13 fracción V y 222 fracción II, inciso d) segundo párrafo, prevé el esquema de aseguramiento en la incorporación voluntaria al régimen obligatorio de los trabajadores de las Entidades Federativas y Organismos que estén excluidas o no comprendidas en otras leyes o Decretos, como sujetos de seguridad social, cuando las entidades públicas tengan establecido un sistema de pensiones para sus trabajadores.

La Modalidad 36 únicamente brinda la protección del seguro de enfermedad y maternidad.

2.6.5.2 La Modalidad 38

Brinda protección del seguro de enfermedad y maternidad y el seguro de riesgo de trabajo.

Ninguna de las dos modalidades mencionadas, cubren el derecho de prestaciones en dinero.

En la figura 21, muestra 160,333 de asegurados de la Modalidad 36, y 269,476 asegurados en la Modalidad 38, al cierre del ejercicio fiscal 2021. (IMSS, 2022, p. 20)

2.6.6 Modalidad 40

2.6.6.1 Definición de La Modalidad 40

La Constitución de 1917 sentó las bases de las pensiones por ser un beneficio económico, para una persona al momento de concluir su vida laboral, por cesantía en edad avanzada o vejez. Es una prestación fundamental para los trabajadores mexicanos, porque representa un instrumento para sustituir los ingresos laborales que deja de recibir una persona al suspender su relación laboral, condición necesaria para proteger sus necesidades económicas en la edad adulta mayor.

> Pensión es un pago recibido a través de una institución de seguridad social, una vez cumplidas las reglas y aportaciones requeridas por ésta y, por otra, también puede ser una ayuda otorgada por el propio Estado como estímulo económico del individuo, sin que existan aportaciones de por medio. (CIEP, 2017, p. 3)
>
> Los distintos esquemas vigentes en el sistema actual de pensiones se pueden clasificar en cuatro pilares o categorías, que van desde un esquema no contributivo donde la pensión no depende en absoluto del tiempo trabajado o los ingresos percibidos durante la vida profesional hasta los esquemas de beneficio definido, contribución definida o ahorro voluntario que, aunque difieren en funcionamiento, todas dependen de las aportaciones hechas por trabajadores a lo largo de los años trabajados. (Villarreal y Macías, 2020, p. 15)

A continuación se describen los cuatro pilares que componen el sistema de pensiones en México.

- Pilar 0: Esquema asistencial no contributivo.- Programas asistenciales de pensiones para adultos mayores financiados con recursos públicos.

Para personas predominantemente informales sin acceso al Sistema de Ahorro para el Retiro (SAR).

- Pilar 1: Obligatorio de beneficio definido.- Usualmente esquemas de dependencias de la Administración Pública con aportaciones de trabajadores y el Estado, donde el beneficio de pensión esta definido.

Para personas formales retiradas de un empleo en la Administración Pública.

- Pilar 2: Obligatorio de Contribución definida.- Sistema de Ahorro para el Retiro con cuentas individuales administradas por Afores.

Para personas que laboran de manera formal en el sector privado.

- Pilar 3: Ahorro voluntario individual.- Esquema voluntario disponible para trabajadores independientes y cotizantes del SAR que desean incrementar sus aportaciones para el retiro. (Villarreal y Macías, 2020 p. 16)

Una vez que ya se tiene una definición de pensión en términos generales, así, como las características en general del régimen pensionario, ahora corresponde concretar una definición para la modalidad objeto de esta investigación, cuyo nombre oficial es "Continuación Voluntaria en el Régimen Obligatorio" que, de acuerdo al tipo de modalidades de aseguramiento ante el IMSS, le corresponde el número "40", para quedar como Modalidad 40. Su objetivo principal es "la posibilidad que tiene el derechohabiente del IMSS para continuar siendo sujeto del derecho de recibir una pensión por invalidez, cesantía en edad avanzada y vejez, cuando este haya causado baja en el régimen obligatorio por las razones de: terminó de contrato o rescisión de contrato". En el caso de que tenga una razón diferente a las mencionadas el instituto podría objetar el trámite.

Otra definición se encontró en el glosario de términos en el sitio web del propio IMSS:

Asegurados en la Modalidad 40**:** (continuación voluntaria en el régimen obligatorio): Se refiere a las personas aseguradas que han dejado de estar sujetos al Régimen Obligatorio y reingresan por cuenta propia a éste, con lo cual se les reconoce el tiempo cubierto por sus cotizaciones anteriores." La Continuación Voluntaria cubre las prestaciones en especie de los Seguros de Invalidez y Vida (SIV), Seguro de Retiro, Cesantía en Edad Avanzada y Vejez (SRCV)" artículo 218 LSS 1997. (LSS, 1997)

En esencia, por lo tanto, la Modalidad 40 se refiere a las personas trabajadoras que en algún momento de su vida laboral fueron incorporados por un patrón al régimen obligatorio del IMSS y que por ese hecho adquieren el derecho y la posibilidad para de manera voluntaria y previo cumplimiento de requisitos, puedan ser sujetos para recibir una pensión vitalicia cuando por cualquier motivo hayan dejado de estar inscritos y cotizar así como también aportar al régimen obligatorio del propio Instituto.

Se considera oportuno, hacer una reflexión acerca de la razón de la existencia de la Modalidad 40 como mecanismo único, en el sistema de seguridad social en México, bajo la tutela de la más importante institución nacional de seguridad social que ha permanecido a lo largo de su historia desde su creación. El Estado Mexicano, con base en las razones jurídicas mencionadas anteriormente, respecto del papel del Estado, de dar cumplimiento a la responsabilidad de justicia social en cuanto a seguridad social se refiere, y que la Carta Magna le impone. El actual Estado Mexicano, de acuerdo al sistema constitucional vigente, tiene claridad en que debe existir este mecanismo para garantizar el acceso a una pensión digna para los trabajadores mexicanos, como parte del esquema de seguridad social, esto es, que forma parte institucional que justifica su propia existencia, que no se observa en otros países.

Por otra parte, cabría preguntarse el por qué, este esquema del acceso a una pensión o Modalidad 40, solo existe en la principal institución de seguridad social de este país (el IMSS) y no se replica en otras instituciones gubernamentales a nivel federal.

Con lo anterior se concluye la revisión conceptual y abstracta de la Modalidad 40. A continuación se desarrolla el análisis de la operación y vigencia del modelo.

2.6.6.2 Beneficios por la contratación de la Modalidad 40

Para los derechohabientes de la LSS 1973, conocidos como la Generación de transición, derivado de que esta ley quedo abrogada el 21 de diciembre de 1995, fecha, en que se publicó en el DOF la nueva LSS, surtiendo efecto a partir del 1ro de julio de 1997, esta nueva LSS, se identifica como LSS 1997, porque a partir del ejercicio fiscal 1997, surte su efecto de vigencia, sin embargo, esta ley debería de identificarse como la LSS 1995; otro nombre con el cual se identifica es "Beneficio definido", adicionado a lo anterior también es conocido como "Esquema de sistema de reparto", que se refiere a las cotizaciones de los trabajadores en activo, que están destinadas a financiar las pensiones existentes en ese momento "Este principio también es conocido como de "solidaridad intergeneracional", ya que la generación cotizante financia la pensión de la generación jubilada, y a su vez, la primera será financiada por la generación que le sigue".

El contratar la Modalidad 40, genera a los derechohabientes los siguientes beneficios:

- Continuar con la conservación de derechos adquiridos, como derechohabiente del IMSS.
- Incrementar el número de semanas cotizadas en el IMSS.
- Incrementar el SBC de las últimas 250 semanas cotizadas en el IMSS, previas a tramitar la pensión.

- Obtener una pensión con mejores condiciones respecto al ahorro privado.

Los beneficios de esto ya se detallaron en el contexto.

En términos generales sí es conveniente, que los derechohabientes de la LSS 1973 aprovechen los beneficios que se pueden lograr a través de la modalidad mencionada, no obstante, es necesario consultar a los especialistas de este tema, para no incurrir en errores, que lleven a invalidar los objetivos, planteados y en cambio obtener una pensión acorde a sus necesidades económicas.

2.6.6.3 Requisitos y documentos para contratar la Modalidad 40

Los requisitos necesarios para la contratación de la Modalidad 40, se relacionan a continuación:

1. Que el derechohabiente haya causado baja en el régimen obligatorio, bajo alguno de los siguientes motivos de la causa de la baja: terminación de contrato o rescisión de contrato.
2. Que no esté, pensionado por invalidez, vejez o cesantía en edad avanzada.
3. Que acredite como mínimo 52 semanas en el Régimen Obligatorio, en los últimos 5 años anteriores a la fecha en que causo baja.
4. Solicite la inscripción en COVORO dentro de los 5 años siguientes a la baja en el régimen obligatorio. (Gérard y Corona , 2019 p. 202)

Documentos necesarios para la contratación de la Modalidad 40, de acuerdo por el H. Consejo Técnico del IMSS, en la sesión del 13 de diciembre de 2006

1. Solicitud de inscripción a la Continuación Voluntaria en el Régimen Obligatorio (SIV y SRCV-CVRO-01 ACUERDO ACDO-HCT.131206/591. P. (D.I.R.)) dictado por el H. Consejo Técnico del IMSS.

2. Número de seguridad social
3. CURP
4. Identificación oficial, (INE, Pasaporte vigentes)
5. Comprobante de domicilio, (Recibo; CFE, SIAPA, no mayor a tres meses de antigüedad)
6. Acta de nacimiento
7. El SBC con el cual quedará inscrito
8. Recibo de pago de la cuota obrero patronal correspondiente
9. Una vez recolectados todos los documentos mencionados en los puntos anteriores, al momento de realizar el trámite, tienen que saber, a partir de que fecha se va a inscribir, esto, en el caso de que su baja en el IMSS tenga un periodo menor a 5 años, este trámite, se puede realizar retroactivamente para que queden cubiertas todas las semanas que se dejó de cotizar, cubriendo todos los pagos del periodo, los cuales van a incluir recargos y actualizaciones a la fecha que se realice la inscripción. En caso de que se registre en cuanto causa la baja del IMSS, se generará el pago por los días o el mes transcurrido. (Cortés, 2020)

Institución en donde se realiza el trámite:

Será en la subdelegación de las oficinas del IMSS que le corresponda, esto de acuerdo a su domicilio, cumpliendo con la totalidad de los documentos mencionados en el punto anterior. Una vez que se realiza la inscripción, se genera la orden de pago, y quedando cubierta será inscrito en la Modalidad 40.

El costo de la Modalidad 40 se detalló en el contexto, donde se explican los porcentajes vigentes al 31 de diciembre de 2022, así como los que tendrán vigencia a partir del 1 de enero de 2023 y hasta el 31 de diciembre de 2030, conforme a los ajustes que se publicaron para el periodo mencionado.

2.6.6.4 Aspectos financieros y fiscales de la Modalidad 40 como estrategia de inversión

Es conveniente analizar, los aspectos financieros y fiscales, para que se tengan considerados los importes que se tendrán que cubrir durante el tiempo que se contrate dicha modalidad cabe señalar que, con relación a los aspectos fiscales, estos serán reflejados una vez que se empiece a disfrutar de la pensión proyectada, derivada de su inversión.

La Modalidad 40 como estrategia de inversión

Es necesario conocer que esto es una inversión y la forma de valuar si es viable dicha inversión. "Cuando se busca definir qué son las finanzas, hay que tomar en cuenta el equilibrio que debe existir entre las variables: el riesgo, la rentabilidad, la liquidez y la creación de valor"(Chu, 2016, p. 14).

Al realizar una inversión, se debe tener la certeza de que esta es rentable o no. Por lo cual existen diversas formas de valuar un proyecto de inversión, sin embargo, en esta investigación no se tiene contemplado ese tema, únicamente se detalla como flujo de efectivo.

Se entiende por flujo de efectivo lo siguiente; *"flujo de efectivo son las entradas y salidas de efectivo y equivalentes al efectivo"* (Consejo de Normas Internacionales de Contabilidad, 2016, p. 2)

El derechohabiente del IMSS, que contrate la Modalidad 40, tiene que tomar en cuenta el número de semanas cotizadas que tenga a la fecha en la que se registre en dicha modalidad, para, con esta información toma la desición de tiempo y recursos que se tienen que invertir.

En el Contexto, se presentan 6 desarrollos con la determinación de la pensión que se genera, de acuerdo al número de semanas cotizadas, del cual se muestra el resumen a continuación.

Figura 25. (El número de la figura corresponde al que tiene asignado en el contexto). Estudio del incremento que a partir del 1ro. de enero de 2023, que tendrá la contratación de la Modalidad 40

Total, semanas cotizadas, en el IMSS	Semanas convertidas en el total de años, de permanencia laboral	Sueldo promedio de las 250 semanas, cotizadas previas a la pensión	Total, pago de los 5 años, de la Modalidad 40, con los incrementos, (figura 13)	La pensión que recibirá de acuerdo a las semanas cotizadas, en el IMSS	Número de meses de recuperación, de la cantidad pagada, en la Modalidad 40
800	15	$ 2,405.50	$ 534,625.39	20,697.00	26
1,000	19	$ 2,405.50	$ 534,625.39	28,019.00	19
1,250	24	$ 2,405.50	$ 534,625.39	36,257.00	15
1,500	29	$ 2,405.50	$ 534,625.39	44,495.00	12
1,750	34	$ 2,405.50	$ 534,625.39	53,648.00	10
2,000	38	$ 2,405.50	$ 534,625.39	62,801.00	9

Fuente: Elaboración propia con datos de: LSS, 1973

En la figura anterior se consideran varios ecenarios del total de semanas cotizadas en el IMSS, con las que se contrata la Modalidad 40. El parámetro de SBC de veinticinco UMAS vigentes en el ejercicio fiscal 2022. En la determinación del importe total de la Modalidad 40, se tiene considerado el incremento que se aplicará a partir del 1ro. de enero de 2023.

La conclusión a la que se llega acerca del tiempo en que se recupera la inversión de $ 534,625.39, es la siguiente:

1. Caso 1: el trabajador, al momento de tramitar la pensión, tendrá 800 semanas cotizadas; el tiempo en el que se recuperará dicha inversión será en 2 años, y 2 meses. Logrando una pensión de $ 20,697.00 mensuales, más un mes de aguinaldo en cada año.
2. Caso 2, el trabajador al momento de tramitar la pensión, tendrá 1,000 semanas cotizadas; el tiempo en el que se recuperará dicha inversión será en 1 año y 7 meses. Quedando su pensión de $ 28,019.00 mensuales, más un mes de aguinaldo en cada año.

3. Caso 3, el trabajador al momento de tramitar su pensión tendrá 1,250 semanas cotizadas; el tiempo en el que se recuperará dicha inversión será de 1 año y 3 meses. Quedando su pensión de $ 36,257.00 mensuales, más un mes de aguinaldo en cada año.
4. Caso 4, el trabajador al momento de tramitar su pensión tendrá 1,500 semanas cotizadas; el tiempo en el que se recuperará dicha inversión será en 1 año. Quedando su pensión de $ 44,495.00 mensuales, más un mes de aguinaldo en cada año.
5. Caso 5, el trabajador al momento de tramitar su pensión tendrá 1,750 semanas cotizadas; el tiempo en el que se recuperará dicha inversión será en 10 meses. Quedando su pensión de $ 53,648.00 mensuales, más un mes de aguinaldo en cada año.
6. Caso 6, el trabajador al momento de tramitar su pensión tendrá 2,000 semanas cotizadas; el tiempo en el que se recuperará dicha inversión será en 9 meses. Quedando su pensión de $ 62,801.00 mensuales, más un mes de aguinaldo en cada año.

   Con la descripción de los 6 casos anteriores las personas interesadas en contratar la Modalidad 40 tendrán una noción del costo beneficio, de acuerdo al número de semanas cotizadas con las que cuenten y el recurso a invertir.

Impacto Fiscal

La obligación tributaria será de acuerdo a los ingresos que se van a obtener por concepto del pago de la pensión por parte del IMSS, siempre y cuando se ubique dentro del supuesto que marca la Ley del Impuesto Sobre Renta (LISR), de acuerdo al siguiente artículo:

Artículo 93 Ingresos exentos.

No se pagará el impuesto sobre la renta por la obtención de los siguientes ingresos:

I. Las prestaciones distintas del salario que reciban los trabajadores del salario mínimo general para una o varias áreas geográficas, calculadas sobre la base de dicho salario, cuando no excedan de los mínimos señalados por la legislación laboral, así como las remuneraciones por concepto de tiempo extraordinario o de prestación de servicios que se realice en los días de descanso sin disfrutar de otros en sustitución, hasta el límite establecido en la legislación laboral, que perciban dichos trabajadores. Tratándose de los demás trabajadores, el 50% de las remuneraciones por concepto de tiempo extraordinario o de la prestación de servicios que se realice en los días de descanso sin disfrutar de otros en sustitución, que no exceda el límite previsto en la legislación laboral y sin que esta exención exceda del equivalente de cinco veces el salario mínimo general del área geográfica del trabajador por cada semana de servicios.

IV. Las jubilaciones, pensiones, haberes de retiro, así como las pensiones vitalicias u otras formas de retiro, provenientes de la subcuenta del seguro de retiro o de la subcuenta de retiro, cesantía en edad avanzada y vejez, previstas en la Ley del Seguro Social y las provenientes de la cuenta individual del sistema de ahorro para el retiro prevista en la Ley del Instituto de Seguridad y Servicios Sociales de los Trabajadores del Estado, en los casos de invalidez, incapacidad, cesantía, vejez, retiro y muerte, cuyo monto diario no exceda de quince veces el salario mínimo general del área geográfica del contribuyente, y el beneficio previsto en la Ley de Pensión Universal. Por el excedente se pagará el impuesto en los términos de este Título. (LISR, 2021)

De acuerdo con lo que se contempla en el párrafo anterior, cualquier tipo de pensión previstas por el IMSS, o de cualquier otra institución, la exención será si rebasa el importe de $ 94,592.64 o en la zona fronteriza de $ 142,458.96, (datos mensuales) importes ejercicio fiscal 2023, sin embargo, se aplican los importes que aparecen reflejado en la figura 25.

Si los ingresos en el ejercicio fiscal superan los $ 400,000.00, o si se reciben más de dos pensiones o jubilaciones, de acuerdo al segundo párrafo del artículo 150 de la Ley del Impuesto Sobre la Renta (LISR), se tiene que presentar la declaración anual en el mes de abril, siguiente al cierre del ejercicio fiscal correspondiente. En cuanto a las pensiones que pague cada institución, si el monto mensual no exceda los límites establecidos en la figura 25, no estarán sujetas a retenciones de ISR por parte de ninguna institución. Sin embargo, el ISR se calculará sobre el total de los ingresos acumulados de ambas pensiones o jubilaciones en la declaración anual, ya que la exención es solo la cantidad indicada en la figura mencionada, por ejercicio fiscal 2023.

Figura 26. Determinación del monto exento de la pensión mensual

CONCEPTO	VALOR DE LA UMA	MONTO EXENTO POR MES	MONTO PENSIÓN EXENTA, POR AÑO (15 VECES EL UMA)
EJERCICIO FISCAL	2023	2023	2023
Zona Centro	$ 103.74	$ 47,305.44	$ 567,665.28
Zona Libre de la Frontera	$ 103.74	$ 47,305.44	$ 567,665.28

Fuente: Elaboración propia con datos de: (LISR, 2023)

Por el ingreso excedente de los importes de la figura 25, se determinará el ISR que le corresponda pagar a cada contribuyente.

Por el pago del aguinaldo el monto exento será de acuerdo con la fracción XIV del mismo artículo, el importe exento en la zona centro es de $ 6,306.18 (SMG multiplicado por 30.4 días), en la Zona libre de la Frontera es de $ 9,497.27, (SMG, multiplicado por 30.4 días). El excedente causara el ISR, (datos ejercicio fiscal 2022).

2.6.6.5 Estructura demográfica de la Modalidad 40

A continuación, se analiza la operación del sistema, para ello se inicia con la materia prima del mismo, es decir el trabajador reconocido por el IMSS como derechohabiente o beneficiario de pensión. También se indaga, acerca de qué tendencia presenta la estructura poblacional, con enfoque en la modalidad 40 en cuanto a pensión por vejez.

Aquí surge la primera cuestión que es definir por que se determina la edad de 60 años como umbral cronológico de vejez, que también es usado como sinónimo, "adulto mayor"; tanto en la Organización Mundial de la Salud (OMS) ONU, como en la "convención interamericana sobre la protección de los derechos humanos de las personas mayores" (OMS, 2015, p. s/n). Para ellos el concepto es "Persona mayor"; aquella de 60 años o más, salvo que la ley interna determine una edad base menor o mayor, siempre que esta no sea superior a los 65 años. Este concepto incluye, entre otros, el de "persona adulta mayor".

> Por su parte la ley de los derechos de las personas adultas mayores (Ley de los Derechos de las Personas Adultas Mayores, 2002) define en el párrafo primero de su artículo tercero que las *"Personas adultas mayores. Son aquellas que cuenten con sesenta años o más de edad y que se encuentren domiciliadas o en tránsito en el territorio nacional";* finalmente y en correlación con lo anterior, la ley del IMSS define como requisito de retiro laboral, una edad mínima de 60 años para cesantía en edad avanzada y de 65 años por vejez. (LSS, 1997)

De lo anterior queda claro que la determinación de la edad para acceder al beneficio de la pensión por parte del IMSS (y en las demás instituciones públicas y privadas), en su mayoría se establece en alineación a criterios definidos y aceptados, por acuerdos a los que México es parte adherente, y no solo por lo que pudiera establecer alguna instancia local.

Finalmente, y solo como acotación, el aumento de la esperanza de vida y de las condiciones físicas y mentales de las personas, ha sido tema de discusión y propuesta en múltiples foros para promover el incremento de la edad de retiro entre los 70 y 75 años, y el consecuente incremento en el periodo de aportaciones y el fortalecimiento de la bolsa de contribuciones del retiro.

Pensionados:

Ahora bien, teniendo claridad en lo de la edad de retiro, se revisará el impacto de los pensionados de la Modalidad 40 en la estructura pensionaria del Instituto, se considera el dato del número de pensionados en esta modalidad únicamente en virtud de la complejidad y amplitud al no poder hacerlo frente a datos macro que escapan a las posibilidades de esta tesis.

Figura 27. Se visualiza la cantidad de asegurados en la modalidad 40 a partir de 1998, año en que las AFORES toman la administración del modelo pensionario y que son los datos disponibles en el sitio web del IMSS

AÑO	ASEGURADOS MODALIDAD 40	AÑO	ASEGURADOS MODALIDAD 40
1998	20.563	2012	76.702
1999	100.724	2013	83.932
2000	91.586	2014	92.463
2001	84.358	2015	105.910
2002	78.662	2016	118.527
2003	70.423	2017	134.788
2004	66.532	2018	149.731
2005	64.613	2019	170.647
2006	62.568	2020	195.613

2007	63.079	2021	215.658
2008	63.683	2022 noviembre	241.386
2009	67.382		
2010	69.553		
2011	72.570		

Relación de asegurados modalidad 40 por año. Fuente: Elaboración propia con datos de: (IMSS, s.f.)

Revisando los datos anteriores, se observa que entre 1998 y 2001 hay un fuerte incremento de asegurados en la modalidad 40, posteriormente, entre 2002 y 2006, hay una reducción de asegurados para retomar un crecimiento que se puede considerar estable a partir de 2007 y hasta 2013, es a partir de 2014 cuando se observa un aceleramiento de las incorporaciones a esta modalidad.

Esto pudiera explicarse en un primer momento (1998 a 2001), a que quiénes realizaron su incorporación estaban informados de los beneficios y requisitos y aprovecharon la ventana del periodo para la continuación, de forma posterior (2002 a 2006), la disminución podría considerarse, por una visión lejana de la edad de retiro, poca información de sus beneficios y el tema de financiamiento de las aportaciones.

Finalmente, el repunte a partir de 2014 para llegar a los 241,386 asegurados a finales de 2022, podría explicarse por el conocimiento de las bondades de la modalidad frente a otras opciones del mercado al acercarse la población a la edad de retiro de los 60 años.

En todo caso, al obtener el neto de incorporaciones en el periodo revisado, se observa que es de solo 220,823 nuevos asegurados en esta modalidad, por lo que se puede considerar que hasta la fecha de la presente investigación no ha permeado de forma notable en los posibles beneficiarios del modelo.

Otro tema es la proyección a futuro, considerando que el modelo se agota en 2044, aún queda un importante tramo a recorrer y si se observa, la tendencia de 2015 a 2018, refleja que anualmente se han incorporado más de 10,000 asegurados y más de 20,000 a partir de 2019, lo anterior, determina que la curva se incrementará notablemente en los próximos años.

Conforme al análisis anterior, se percibe la tendencia del incremento que se presentará en los siguientes años, dado que los derechohabientes tienen la posibilidad de aprovechar el esquema de la Modalidad 40, y están en su derecho, siempre y cuando no se cometan arbitrariedades (comentadas en las entrevistas, anexo 3) que den motivos a las autoridades encargadas de las adecuaciones a las leyes para que no desaparezcan este beneficio exhibido en la LSS 1997.

2.7 LA SOSTENIBILIDAD DEL SISTEMA DE PENSIONES BAJO EL BENEFICIO DEFINIDO DE LA LSS 1973

Actualmente el "Estado tiene la responsabilidad de cubrir un gran número de pensiones adicionales a las del IMSS", razón por la cual existe una gran incertidumbre con relación a la sostenibilidad del sistema de pensiones bajo el beneficio definido, por parte de los derechohabientes de la LSS 1973, que en los siguientes 17 años que le queda de permanencia al sistema de pensiones comentado, les permita desde ahora y conforme cumplan con la edad, hacer una planeación con relación a los recursos que tienen que invertir para lograr una pensión acorde a sus necesidades económicas, una vez cumplidos los requisitos que la Ley comentada requiere, la desconfianza se deriva por los siguientes acontecimientos:

- Cambios demográficos
- Disminución del índice de natalidad

- Aumento de la expectativa de vida
- Los índices de migración
- Cambios en las estructuras sociales
- Desarrollo de enfermedades crónico-degenerativas y epidemias graves como el VIH,
- La inclusión a la vida laboral de sectores tales como el de las mujeres que en los años 70s, 80s, no participaban tan ampliamente. (Mendizábal, 2013, pp. 233-237)

Todo esto tiene impactos económicos para el Estado y por ende para la población mexicana.

> Néstor de Bueno (2010) comenta, en "La decadencia de la seguridad social mexicana" explica que en los últimos años se han juntado diversos factores que colocan a la seguridad social en un terreno decadente. Se pone de manifiesto que, si hablamos de la crisis de los sistemas pensionarios y de la existencia de los sistemas de capitalización individual, no se hace como un problema aislado, sino que parte de la crisis general de la seguridad social. (García, 2018 p. 123)

"En México hay más de 1,000 distintos sistemas, modelos y esquemas de pensiones, contando cada una con sus propias tasas de cotización, tasas de remplazo, incentivos, condiciones y beneficios" (CIEP, 2017, p. VII).

2.7.1 Gasto público en pensiones del IMSS

Se inicia por determinar el gasto en el sistema de pensiones contributivas con los ingresos y finalmente la comparación de estos datos con los del Balance Financiero del sistema de pensiones del IMSS.

Se detalla el total del gasto público generado durante 17 años, con relación al PIB.

Figura 28. Gasto público en pensiones contributivas

GASTO PÚBLICO EN PENSIONES		
AÑO	PESOS CORRIENTES	PORCENTAJE DEL PIB
2000	60,896.00	0.91
2001	69,499.00	0.98
2002	63,786.00	0.86
2003	66,203.00	0.84
2004	79,956.00	0.91
2005	85,382.00	0.89
2006	96,806.00	0.91
2007	109,533.00	0.95
2008	124,605.00	1.01
2009	142,302.00	1.17
2010	164,257.00	1.23
2011	184,039.00	1.25
2012	205,902.00	1.3
2013	227,876.00	1.4
2014	251,698.00	1.44
2015	279,592.00	1.51
2016	306,096.00	1.52
2017	345,576.00	1.58

Fuente: elaboración propia con datos de: Villarreal y Macías, 2020

De los datos anteriores queda claro el incremento en el gasto público en el sistema de pensiones del IMSS, incluida la Modalidad 40, excepción hecha de los años 2002, 2003 y 2005, en que se registraron decrementos, para los demás años se da un alza continua hasta llegar a los 345,576 millones de pesos, equivalentes al 1.58% del PIB. En el año 2017 y con respecto a la base del año 2000 de 60,896 millones de pesos equivalente al 0.91% PIB. Lo anterior se explica principalmente porque la mayoría de los pensionados de todo el sistema, todavía se encuentra en el IMSS alrededor de un 90%, según los autores de referencia, y por otra parte, por el incremento en el importe de las contribuciones; si a esto se le adiciona que "en 2017 el gasto público total en pensiones fue del 31.5% del gasto social y 13% del gasto total neto, (Villarreal y Macias,2020)" es claro que se incrementa el costo de las pensiones y esto va correlacionado al incremento de asegurados en la Modalidad 40.

2.7.2 Ingresos del sistema de pensiones del IMSS

En las diversas fuentes consultadas (IMSS, DOF, CEPAL, entre otros) no fue posible localizar o determinar de forma específica el importe de las aportaciones propiamente para la pensión por parte del asegurado de la Modalidad 40, ya que este componente se encuentra integrado en la aportación de las cuotas obrero-patronales.

La única forma que se tuvo de aproximar un dato, son las trasferencias de las AFORES al IMSS, que se obtuvieron de (Villarreal y Macías , 2020, p 48).

Y que se muestran a continuación:

Figura 29. Trasferencias de AFORES al IMSS por concepto de pensión

AÑO	IMPORTE, (MILLONES DE PESOS)	PORCENTAJE DEL PIB
2005	2,203.45	0.02%
2006	2,748.36	0.03%
2007	3,631.57	0.03%
2008	4,258.35	0.03%

2009	4,289.20	0.04%
2010	6,784.46	0.05%
2011	8,357.97	0.06%
2012	10,465.43	0.07%
2013	14,016.40	0.09%
2014	15,806.15	0.09%
2015	18,798.46	0.10%
2016	23,061.29	0.11%
2017	32,665.92	0.15%

Fuente: Elaboración propia con datos de: Villarreal y Macías, 2020, p. 48

Como se desprende de estas cifras, el crecimiento de los ingresos para el IMSS muestra una tendencia creciente, lo cual se explica precisamente por la generación de transición que elige pensionarse por la LSS 1973 porque percibe mayores beneficios donde están incluidos los asegurados de la Modalidad 40, reforzandose así la idea de que este modelo es benefico frente a otros esquemas.

Figura 30. Balance Financiero del sistema de pensiones del IMSS

AÑO	PESOS CORRIENTES	PORCENTAJE DEL PIB	BALANCE FINANCIERO
2000	60,896.00	0.91	- 58,692.55
2001	69,499.00	0.98	- 66,750.64
2002	63,786.00	0.86	- 60,154.43
2003	66,203.00	0.84	- 61,944.65
2004	79,956.00	0.91	- 75,666.80
2005	85,382.00	0.89	- 78,597.54
2006	96,806.00	0.91	- 88,448.03

2007	109,533.00	0.95	- 99,067.57
2008	124,605.00	1.01	- 110,588.60
2009	142,302.00	1.17	- 126,495.85
2010	164,257.00	1.23	- 145,458.54
2011	184,039.00	1.25	- 160,977.71
2012	205,902.00	1.3	- 173,236.08
2013	227,876.00	1.4	- 227,876.00
2014	251,698.00	1.44	- 251,698.00
2015	279,592.00	1.51	- 279,592.00
2016	306,096.00	1.52	- 283,034.71
2017	345,576.00	1.58	- 312,910.08

Fuente: Elaboración propia con datos de: Villarreal y Macías, 2020

Como se observa del Balance Financiero de la figura No. 29 el sistema es deficitario y se considera que la tendencia continuará así hasta el agotamiento del sistema.

Por lo cual es claro que la Modalidad 40 es benéfica para el asegurado, ya que ofrece mejores condiciones que otros esquemas, pero, por otro lado sus aportaciones al IMSS, aunque se incorporan para el otrogamiento de su retiro, no son suficientes para financiar la pensión que se otorga, por lo cual, se requiere la intervención del Estado para subsidiar el financiamiento de dicha pensión, es decir, los trabajadores activos y los ingresos del gobierno por diversos conceptos son la fuente y seguirán siendo los que aportan los recursos, tanto de la generación en transición como los asegurados en la Modalidad 40.

A lo anterior se debe considerar factores demográficos avalados principalmente por el Consejo Nacional de Población (SG CONAPO).

Figura 31. Proyección esperanza de vida al nacer

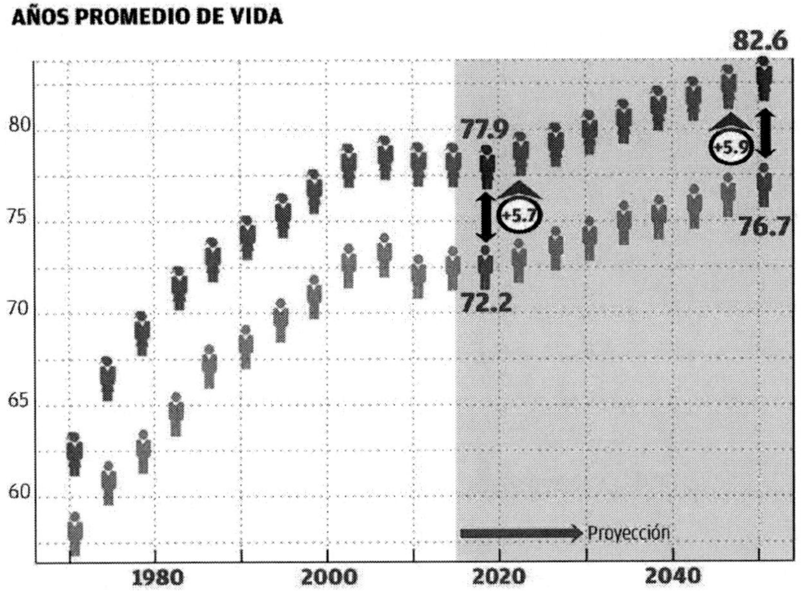

AÑOS PROMEDIO DE VIDA

82.6

80

77.9

+5.9

75

+5.7

76.7

70

72.2

65

60

Proyección

1980 2000 2020 2040

Fuente: SG CONAPO, 2022.

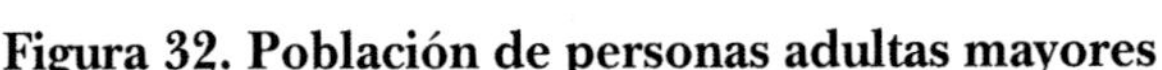

Figura 32. Población de personas adultas mayores

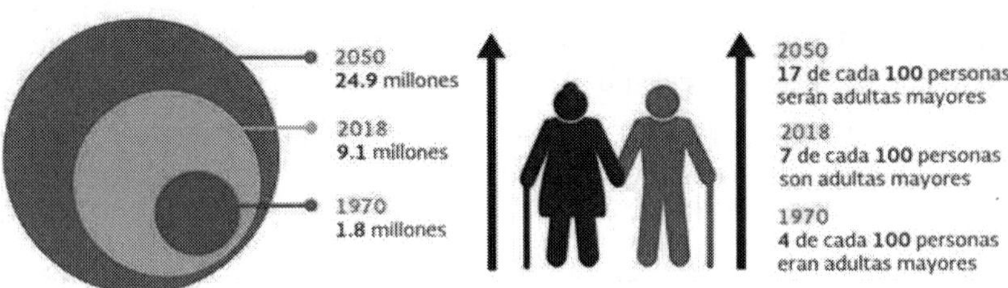

Fuente: SG CONAPO, 2022.

Considerando la información del SG CONAPO, queda claro que el modelo incrementará la necesidad de financiamiento en el largo plazo, para el pago de las pensiones por parte del gobierno Federal, ya que, en el año 2040, habrá mayor número de personas adultas con una mayor esperanza de vida, respecto a la actualidad, por lo que es necesario que se diseñe otro modelo que pueda resultar viable.

Capítulo III

Marco metodológico

3.1 ENFOQUE DE LA INVESTIGACIÓN

El enfoque de la presente investigación es cualitativo, ya que es un proceso interpretativo de los fenómenos a partir de las vivencias y experiencias de los sujetos.

La investigación busca dar respuesta a la siguiente pregunta:

¿Cuáles son las estrategias adecuadas para garantizar la sostenibilidad del pago de las pensiones bajo el sistema de beneficio definido, durante los años de permanencia establecidos para esta obligación, en México?

> Como se puede notar, la respuesta a, la pregunta ¿Qué es la investigación cualitativa? depende de cuál sea el enfoque, la tradición seleccionada entre las múltiples y muy diversas perspectivas a las que se aplica ese vocablo. Esa presencia simultánea de distintas orientaciones que difieren en cuanto a su desarrollo, presupuestos y métodos, en cuanto a sus concepciones a cerca de la realidad social y respecto de aquello que constituye una evidencia de cuando se trata de conocerla, determina la imposibilidad de sostener que la validez de la investigación cualitativa está ligada exclusivamente a una determinada forma de hacer investigación, que responda a las prescripciones de una entre variadas perspectivas y tradiciones (Vasilachis de Gialdino, 2006, P. 25).

Derivado de la investigación realizada, que responde a las percepciones e interpretaciones de las partes involucradas, en la presente investigación, se comprenderá de manera clara los resultados de la pregunta de investigación, y con ello se logrará el objetivo, a través de abordar el análisis de diferentes situaciones apegadas al tema de investigación.

> Por su parte, Flick, propone una lista preliminar de los que estima como cuatro rasgos de la investigación cualitativa:
>
> a) La reflexividad del investigador y de la investigación; a diferencia de la investigación cuantitativa, la investigación cualitativa toma a la comunicación del investigador con el campo y con sus miembros como una parte explícita de la producción de conocimiento. Las subjetividades del investigador y de los actores implicados son parte del proceso de investigación. Las reflexiones del investigador sobre sus acciones, observaciones, sentimientos, impresiones en el campo se transforman en datos, forman parte de la interpretación y son documentadas en diarios de investigación o protocolos de contexto, (Flick, 1998 citado por Vasilachis de Gialdino, 2006, p.27)

Flick describe la investigación cualitativa como un proceso de conocimiento que está ligado a una forma de hacer investigación que responde a las prescripciones de una entre variadas perspectivas y tradiciones. Describe lo nuevo y desarrolla teorías, analiza el conocimiento de los actores sociales y sus prácticas para Flick la diferencia entre la investigación cualitativa y la investigación cuantitativa concibe en tomar la comunicación del investigador como una parte explicita de la producción del conocimiento. La investigación cuantitativa utiliza la variedad de enfoques basada en varias perspectivas teóricas, para llegar a distintas líneas de desarrollo, el método cualitativo describe, explica, elucida, construye y descubre, las formas de investigación.

3.2 TIPO DE INVESTIGACIÓN PROPUESTA

El tipo de investigación propuesta para el presente proyecto es explicativa, se busca comprender, mediante el análisis de la información obtenida la experiencia de los sujetos entrevistados y cuestionados, para llegar a una dilucidación fundamentada en las evidencias obtenidas en la investigación.

3.3 MÉTODO DE INVESTIGACIÓN

El método de investigación empleado es la etnografía en la modalidad de micro etnografía.

3.4 JUSTIFICACIÓN DEL MÉTODO

Es importante la utilización del método etnográfico porque proporciona los elementos necesarios para obtener una percepción clara y precisa del contexto en el que se lleva a cabo la investigación. El método etnográfico, se reconoce que el contexto es parte integral de la situación que se pretende estudiar.

La información se obtiene a partir de los sujetos entrevistados y cuestionados, lo cual permite recopilar datos relevantes. Para ello, se realizan entrevistas a expertos en el tema de investigación que pueden ser gravadas en formato de audio o video, así como cuestionarios y encuestas que el investigador acumula durante el proceso de investigación. Estos datos recopilados se convierten en la base del análisis de la investigación.

> Como lo plantean algunos autores un investigador experto se sentiría incomodo si le fijaran el problema específico que debe investigar, porque el problema de investigación surge una vez que está desarrollado el contexto. (Martínez, 2011, p. 7)

Los datos mencionados se generan de forma natural en el momento que los eventos comunicativos son relevantes para los participantes. es decir, sin ser planificados por el investigador.

Por último, los datos obtenidos, se emplean, por medio del análisis cualitativo, que se interpreta en relación con el contexto, en la forma más amplia posible.

3.5 DESCRIPCIÓN DEL MÉTODO

El método etnográfico en la investigación cualitativa permite que el investigador genere información interna sobre el entorno social, sus principales técnicas son; la observación participante las entrevistas personales, las encuestas, así como la recopilación de información de los documentos existentes, que son, otra de las vías que este método utiliza para alcanzar sus fines.

> En cada estudio una buena etnografía describe las estructuras o patrones generales, es decir, las regularidades dentro del sistema individual o social estudiado. Estas estructuras de funcionamiento, extraídas o formadas con el testimonio de informantes representativos del grupo, pueden generalizarse, por medio de una lógica inductiva, a todos aquellos miembros de la misma cultura que participan en la misma clase de actividades. En último análisis, se podría decir que los trabajos etnográficos constituyen la búsqueda de más amplias regularidades de la conducta humana, en diferentes culturas o grupos ambientales, a medida que sus conclusiones se comparan y contrastan entre sí y con otros estudios. (Martínez, 2011, p. 14)

El investigador etnográfico describe la verdadera naturaleza de las realidades humanas se centra en la descripción y el comportamiento.

> La etnografía es tanto una perspectiva teórica como un método de investigación en las ciencias sociales, incluye las siguientes características:
>
> a) El investigador comienza su trabajo con la etapa denominada observación participante.
>
> b) Los datos analizados proceden siempre de discurso o interacciones reales.
>
> c) El investigador recoge los datos de manera naturalística.
>
> d) El tratamiento posterior de los datos se realiza a través del análisis cualitativo de los mismos. (Morales, 2014 p. 1)

El método etnográfico permite al investigador tener las herramientas necesarias para realizar una investigación de manera concreta, para concluir con resultados evidentes, actuales y vivenciales.

3.6 RESULTADOS

3.6.1 Resultados de la encuesta

Se aplicó una encuesta (ver anexo 1) a 100 maestros de la Universidad de Guadalajara, y los resultados se presentan a continuación:

Como se puede observar en la gráfica la mayoría de los sujetos entrevistados, cotizaron bajo la LSS 1973, aunque hay una minoría de sujetos que reportan no saber bajo qué Ley cotizaron.

2 ¿Cuánto tiempo tiene que no cotiza en el IMSS?

Como se puede observar en la gráfica la mayoría de los sujetos tienen más de 10 años que no cotizan en el IMSS, pero hay una minoría de sujetos que tienen más de 6 años que no cotizan en el IMSS.

Como se puede observar en la gráfica la mayoría de los sujetos saben que, en la página electrónica del IMSS o internet, pueden consultar el número de semanas que tienen cotizadas en el IMSS, sin embargo, hay una minoría de sujetos que no saben en donde consultar las semanas cotizadas en el IMSS.

Como se puede observar en la gráfica la mayoría de los sujetos han obtenido información con respecto a la Modalidad 40 del IMSS por medio de sus amigos no obstante hay una minoría de sujetos que han tenido dicha información en la empresa en donde trabajan.

Como se puede observar en la gráfica la gran mayoría de los sujetos encuestados opinan que nada más los trabajadores que pertenecen a la LSS 1973 pueden contratar la Modalidad 40. Una minoría que respondió que también los sujetos que pertenecen a la LSS 1997 pueden contratar la Modalidad 40 esta percepción podría ser derivada de que la muestra encuestada pertenece en su mayoría a la LSS 1973.

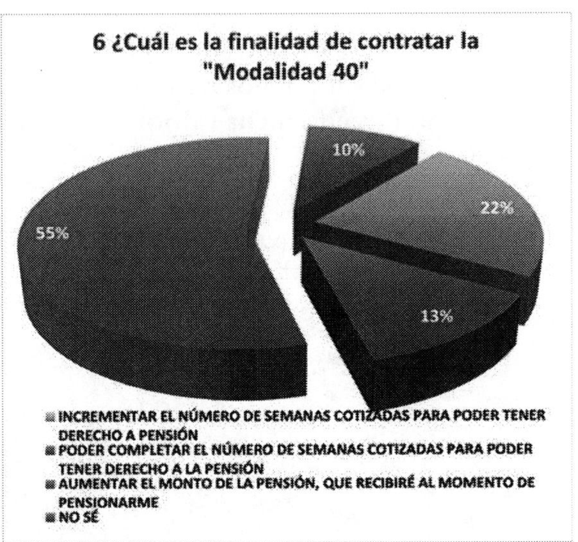

Como se puede observar en la gráfica, la mayoría de los sujetos encuestados contrata la Modalidad 40 para aumentar el monto de la pensión que recibirá al momento de pensionarse minoría no saben la finalidad por la que se contrata la Modalidad 40.

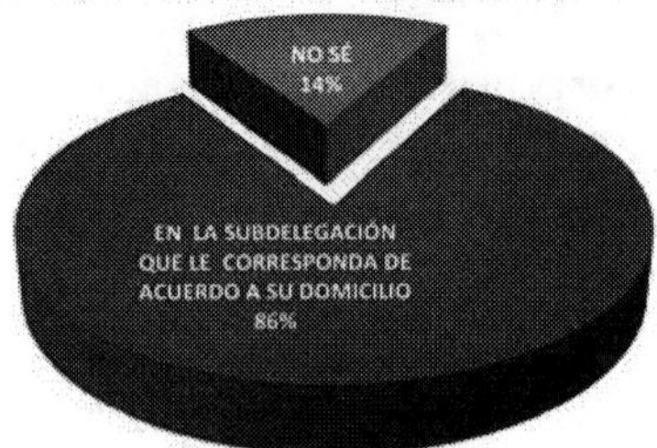

Como pueden observar en la gráfica la mayoría de los sujetos encuestados, si tiene idea en que dependencia de gobierno puede contratar la Modalidad 40 la minoría de sujetos encuestados no sabe.

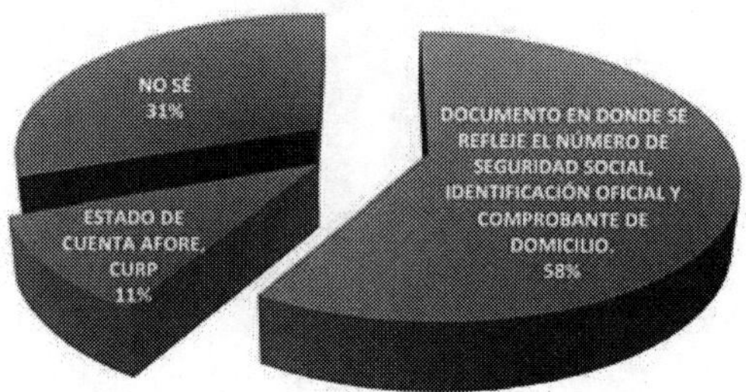

Como se puede observar en la gráfica, la mayoría de los sujetos encuestados menciono, si tener conocimiento de los requisitos que a cubrir para la contratación de la Modalidad 40, la minoría de los sujetos encuestados no tiene idea de toda la documentación que es necesaria para contratar dicha modalidad.

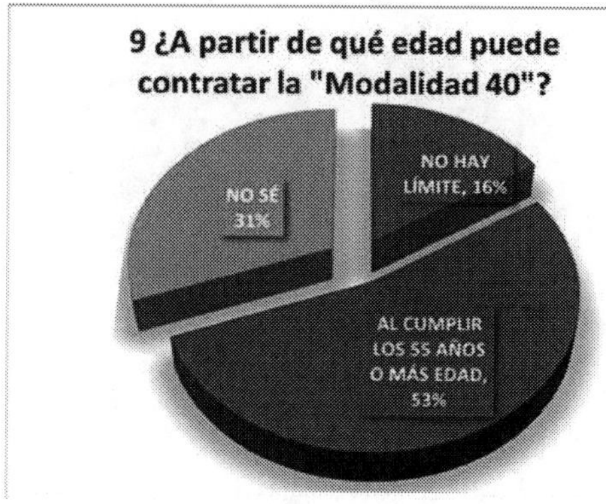

Como se puede observar en la gráfica, la mayoría de los sujetos encuestados opina que la Modalidad 40 se tiene que contratar al cumplir los 55 años, minoría de los sujetos encuestados menciona que no hay límite de edad.

Como se puede observar en la gráfica, la mayoría de los sujetos encuestados opina que la Modalidad 40 se puede contratar con el último sueldo que cotizo en el IMSS, la minoría de los sujetos encuestados reportan que debe ser un sueldo mayor al último con el que se cotizo en el IMSS.

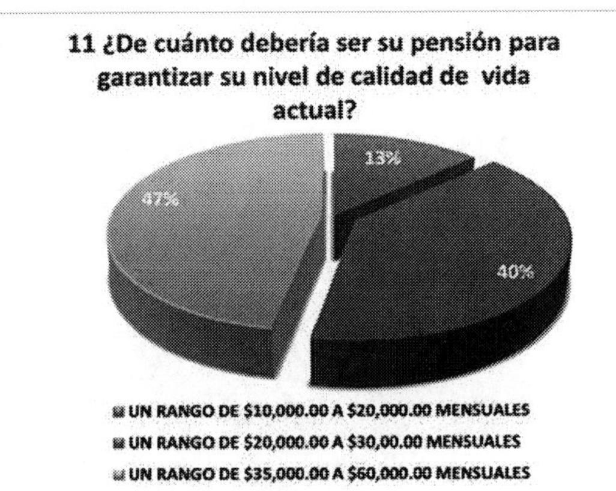

Como se puede observar en la gráfica, la mayoría de los sujetos encuestados opinan que el importe de la pensión para garantizar su nivel de vida actual, se encuentra en un rango de $ 35,000.00 a $ 60,000.00 mensuales, la minoría de los encuestados reportan un rango de $ 10,000.00 a $ 20,000.00 mensuales.

3.6.2 Resultados de las entrevistas

Se realizó una entrevista semiestructurada (ver anexo 2), a cuatro expertos en materia de Seguridad Social.

La información se ordenó en un cuadro de análisis, (ver anexo 3) y los resultados se presentan a continuación.

El primer aspecto fue: La jurisprudencia con relación al monto de las pensiones, los sujetos coinciden en mencionar que la aplicación de la jurisprudencia es solamente adjudicable en un juicio en contra del IMSS. Otra coincidencia es: Con respecto a la jurisprudencia que señala que las pensiones de la LSS 1973, están topadas en 10 veces el SMGDF, sin embargo, al momento de contratar la Modalidad 40, el IMSS autoriza que se contrate con el SBC topado en las veinticinco UMAS, vigentes al momento de su contratación, pero si se apega al contenido de la mencionada jurisprudencia el IMSS, determinará el monto de la pensión con relación a las disposiciones de la misma.

Como diferencias significativas mencionan que el IMSS está orillando a que los sujetos demanden, para que entonces, en el juicio sí puedan invocar la jurisprudencia, porque de oficio no lo puede hacer, para esto el IMSS, determina la pensión menor a lo que le corresponde al derechohabiente si le correspondía de pensión $ 30,000,00, le autoriza $ 20,000.00, para propiciar que se presente la demanda en contra del IMSS, para que esta institución al momento de contestar la demanda invoque la jurisprudencia para determinar una pensión menor a la que se determinó. Comentan que esto le está funcionando muy bien al IMSS, porque son muy pocos los derechohabientes que presentan demandas, y terminan aceptando la pensión que les autoricen, aun y cuando esta es menor a la que les corresponde.

"Er: Que opina en relación con la jurisprudencia

Eo: mira en este punto creo en la práctica no a la hora de litigar un juicio en esa disciplina solamente te aplican ese tope,

> porque si lo están aplicando exclusivamente para aquellos casos en que hacen algún reclamo en los montos, me parece supuesto que es totalmente incongruente que a ti te den una base de cotización mucho más alta para que luego te topen a la hora de la entrega de las pensiones y creo que de ahí se van a desprender la implementación de muchos medios de defensa, porque si tú pagaste sobre una base mucho más alta, entonces deberían de hacerte la devolución de aquellas partes que te cobraron en exceso, sin embargo, ellos se van a justificar, en que bueno, pues, el salario fue así, para alguien que trabajó de forma subordinada y estaba mediante el régimen obligatorio inscrito en la fracción en el artículo 2 fracción primera, bueno, pues el salario va a ser independiente, no en cuanto a lo de modalidad 40 si hay alguna repercusión un poco más directa porque, si ya saben que va a estar topada, no te deberían de permitir pagar en base a las 25 UMAS sino topados a los 10 salarios, eso es algo que debería de comenzar a implementarse, esta tendencia va más allá de otra cosa, porque muchas personas descubrieron el hilo negro a la hora de planear una pensión, esto es toda una vida cotizando, con salarios bajos luego incremento esta modalidad 40 y recibo unas pensiones fabulosas, entonces por ahí va, es más, más este cuidar las finanzas públicas".

En relación con el segundo aspecto que fue: Propaganda que se le ha dado a la Modalidad 40, los sujetos coinciden en mencionar que la propaganda, está generando un abuso, en la contratación de la Modalidad 40, porque ha servido para planear un beneficio pensionario y no se está aplicando en el sentido para lo que fue implementada, para los trabajadores que se quedan sin relación patronal antes de que cubra los requisitos de la LSS 1973, para tramitar su pensión.

Como diferencias significativas mencionan, esto es un benéfico para los trabajadores porque para el cálculo de la pensión toma 3 elementos, 1.- La edad, 2.- El salario base de cotización promedio de las últimas 250 semanas cotizadas previas a tramitar la pensión y 3.- El total de semanas cotizadas en el IMSS. Razón por la cual la mayoría de las personas que quieren lograr una pensión acorde a sus necesidades económicas, invierten recursos económicos para realizar los pagos que durante el periodo mencionado se requiere para cubrir la contratación de la Modalidad 40. Y precisamente se abrió ese esquema por la Ley del Seguro Social en su momento, por quienes legislaron con la finalidad de darle una mejoría a todas las personas mayores de edad que ya difícilmente pueden ser contratadas en las empresas, pero que durante mucho tiempo fueron derechohabientes del IMSS, y por un tiempo tuvieron la posibilidad de trabajar de forma independiente, como es el caso de los mecánicos, dentistas, plomeros, abogados, contadores, etc. Otra diferencia significativa menciona lo siguiente, Legalmente las reglas están en la ley, ahí te dice que procede y qué no se puede hacer, cuando, cómo, donde mientras no se incumplan, pues es válido, lo puedes hacer. Considerando la parte legal y ética.

> "Er: Que opina. En relación con la propaganda que se le ha dado a la modalidad 40.
>
> Eo: Fíjate, que yo creo que hay un abuso. En la modalidad 40, hay un abuso, creo que el mexicano yo no sé si en todo el mundo, pero el mexicano en particular no sabes respetar las reglas, entonces te abren una propaganda. Te abren una, disposición que te da una facilidad y le empezamos a dar una propaganda negativa y luego hay gente sin ética". [..]

En relación con el tercer aspecto que fue: Sostenibilidad de las pensiones, por parte del Estado, los sujetos coinciden en mencionar que faltan casi 80 años de permanencia del costo de pensiones de la LSS 1973, y aunado a esto algunos derechohabientes están haciendo mal uso de los beneficios que esta ley ofrece. También existe una gran incertidumbre en relación a la sostenibilidad de las pensiones, por el costo que esto representa para el presupuesto público, en relación a los años que se mencionan en este párrafo, temen que en algún momento el Estado no pueda enfrentar el costo pensionario de todos los derechohabientes a los que les aplica el esquema de pensión bajo el beneficio definido y se apeguen a lo que la LSS 1997, a cubrir únicamente la pensión garantizada de acuerdo a lo que se menciona en la ley vigente a la fecha.

Como diferencias significativas mencionan que, con respecto a la LSS 1997, se adoptó parte de un sistema chileno, no obstante que Chile ya había dicho que no funcionaba. pero las consecuencias, empiezan en 2021 y justamente en el 2020, se implementaron cambios en la LSS 1997, en relación a los requisitos para tener derecho a una pensión de las 1,250 semanas cotizadas ahora serán, 750 para el 2021, se incrementarán anualmente veinticinco semanas hasta alcanzar en el 2031, las 1,250 semanas establecidas, en la LSS 1997. En la actualidad se presenta otro cambio social importante con relación a los millennials, cetennials y todos los demás que vienen adelante, se visualiza una gran problemática, porque no quieren trabajar, no permanecen en los empleos, no tienen estabilidad, no quieren ser trabajadores, quieren ser empresarios, entonces los siguientes años quien va a aportar, cómo se van a sostener, los gastos derivados de esto. En 2021 pasaron 2 cosas, la reforma de pensiones que disminuyó semanas cotizadas para tener derecho a la pensión, reestructuro la pensión mínima garantizada y reestructuró cuotas, pero también nació el Seguros de Trabajadores Independientes, que no se ha hablado mucho de este tema, pero si resulta de gran trascendencia, poque esta nueva Modalidad del IMSS, está dirigida a todas las personas físicas que realizan actividades por cuenta propia y esto ayuda a que no se dé la simulación patronal, y también para incrementar el número de derechohabientes en el IMSS, para que esta institución incremente sus recursos financieros y con ello disminuir la carga económica al Estado.

"Er: Que comentario tiene con respecto a la sostenibilidad de las pensiones por parte del Estado.

Eo: Pero también ahí hay que tomar en consideración que el número de personas que tienen acceso a esta ley del 73 no todas van a poder complementar los periodos para tener pensiones. Y que, de alguna manera, conforme vaya transcurriendo el tiempo, probablemente sea más los montos para erogar, tomando en cuenta la inflación y tomando en cuenta muchos otros aspectos, pero también va a ir disminuyendo la base de ese grupo de personas del régimen de transición cómo le llamamos.

Er: Exacto, sí.

Eo: Que van a tener acceso, Mira, yo he abordado este el costo fiscal de las pensiones en diferentes foros, incluso, fuera de México y la verdad es un boom por todos lados no es nada más la Ley del 73 sino, el ISSSTE, sino la PEMEX , todo, entonces, definitivamente, qué es lo que hay que hacer, Es muy difícil, sino se etiquetan en los rubros, eso es lo que yo puedo sugerir como alternativa, etiquetar partes del gasto público y definitivamente el Gobierno actual y probablemente los que vengan si no los ponemos listos, van a atender justamente a aplicar este límites que van a transgredir los derechos de personas que ya los generaron en su momento, en su tiempo y en su forma y que, por otro lado, esa etiqueta que se haga , más bien corrigiendo el punto anterior, considero yo que debe de hacerse una planeación muy estricta porque el Estado le está apostando a las pensiones, que digamos de asistencia social derivadas llámese solidaridad, jóvenes construyendo el futuro y demás, justamente como para calmar una situación así, pero está transgrediendo los derechos, que no nos debería de extrañar porque en el 2007 le transgredieron los derechos a los servidores públicos del ISSSTE y como vimos los amparos no prosperaron, no pasó absolutamente nada, desafortunadamente, también hay que llegar a la cuestión de que cuando el Estado no puede, pues ya no se puede, no, o sea, si no hay recursos que tendríamos que haber una, una gran disciplina fiscal, un incremento en la recaudación, una etiquetación de los ingresos del destino y el uso de los mismos, pero mientras no haya sí una, una, meticulosa, cuidado de esas finanzas, corremos el riesgo de que sea impagable.

Er: Pues simplemente lo del comercio informal ahí tiene una puerta de recaudación de impuestos grande.

Eo: Sí, pero son votantes, no se te olvide que, en este punto, ahorita lo que ellos ven es al votante y solo le aprietan el cinturón a los que ya están, a los que ya estamos activos.

Er: Ahora si pues lo que ya estamos ya ni cómo salirnos en cambio los que no, es difícil que se registren como contribuyentes, puesto que nadie los obliga.

Eo: No es atractivo porque no me oferta absolutamente nada, aquí hay que hacer cuestiones trascendentales desde el punto de vista de incrementar la base de contribuyentes. Resulta bastante increíble que solamente casi el 33% sea los que pagamos impuestos, y el resto no paga absolutamente nada, pero bien se beneficia de ese 33%

Er: Exacto".

En relación con el cuarto aspecto: Estrategias de los derechohabientes para poder contratar la Modalidad 40, los sujetos coinciden en mencionar que el monto de la pensión que se pretende obtener depende mucho del total de semanas cotizadas que tengan en el IMSS, luego el SBC de las últimas 250 semanas previas a tramitar la pensión, para lograr sus expectativas contratan la Modalidad 40, durante el tiempo mencionado en algunos casos puede ser en menor tiempo, esto es de acuerdo a las proyecciones y expectativa de cada individuo, esta modalidad no incluye atención médica únicamente cubre el robro de pensiones. La pensión más alta que en los despachos de las personas entrevistadas que han tramitado fue de $70,000.00 (setenta mil pesos 00/100 M.N.) mensuales. Esto se da con combinaciones de 1.- número de semanas cotizadas con 2.- SBC, pero conforme se va incrementando hasta cierto punto el número de semanas, ya es muy mínima la parte que llega a aumentar, pero siempre y cuando se tengan más de 2000 semanas cotizadas, la pensión puede llegar al 90% del SBC promedio de los últimos 5 años, para llegar el monto de la pensión mencionada.

Como diferencias significativas mencionan que, las estrategias que están utilizando son de acuerdo al siguiente ejemplo: Una señora, busca un patrón ficticio puede ser un amigo que tiene una empresa, donde la dan de alta con los salarios mínimos y después que recupera sus semanas cotizadas con estrategias mal hechas, porque no hay un contrato de prestación de servicios, no hay nóminas, o si la hay, no existe la evidencia del pago de su sueldo, si el IMSS le realiza una auditoria a la empresa que dio de alta a la señora y si esta no demuestra la relación patronal, le niegan la pensión y se rompe toda la estrategia realizada.

> "Er: Sí, porque hay quien le garantiza que va a recibir una pensión de 90 mil pesos mensuales.
>
> Eo: Y todo esto porque se ha dado, por la pésima información que hay y quien debería de asesorar de manera adecuada es el Estado, Y es el primero, que una o no dice nada, o dice las cosas que le conviene pero que no son las correctas, a mí me ha pasado, tengo una cuenta de Tiktok, subí un vídeo que en su momento se hizo muy viral, o sea, muy viral de millones de visitas, para atacarme, porque yo lo que les decía era cuidado, si tienes 60 años y tú te das de baja de manera voluntaria para hacer una estrategia no te van a dar tu pensión, porque las pensiones a los 60 años siempre y cuando te quedes sin empleo de manera involuntaria, o sea, que te despidan no una renuncia, hacen comentarios que mi padre Benito acaba de tramitarla y no paso nada, si se la autorizaron, mucha gente yo trabajo en el IMSS y lo que estás diciendo es una mentira, eres una mentirosa, yo decía, así es en todos los casos que yo tengo, no significa que al 100% le esté pasando. Pero a un alto porcentaje, sí. Quieres jugártela, que tú seas el del porcentaje, porque por ley no te la van a dar, por ley, que el propio IMSS no sepa ni cómo funciona sus pensiones es otro tema. Pero las pocas veces, o las pocas subdelegaciones que sí saben cómo funciona esto, es una estrategia para no otorgártela, después de que se hizo viral y que me tiraron hasta con la cazuela, cosa que me da igual y un montón de cosas. Digo, porque tengo muchos amigos en el IMSS y de repente empezaron a decir, Oye, ya vimos como que tienes razón, como que parece que, si sabe no, dicen, no sabía y tengo 20 años trabajando en el IMSS. No sabía y nosotros asesoramos algo diferente. Exacto, ese es el problema. Las problemáticas en las que yo me enfrento aquí con mis clientes son porque no sabían, y ya no se pueden resarcir, y casi todo se da para contratar modalidad 40 y entonces sí es una solución. Es una estrategia, es válida totalmente, pero hay que saber cuánto hay que saber hasta dónde mucho llamar la atención es, oye, venías con un salario de

100 pesos y de repente te hacen 2000 vas a llamar la atención, Yo mis clientes lo primero que les pregunto cuando me dicen una estrategia de pensión va, ¿Cuánto ganabas? ¿Hasta ahorita, cuánto ganas? ¿Cuál es tu expectativa de pensión y con cuánto vives? Para que se concienticen oye, yo venía ganando 15,000 MXN mensuales vivo con 15,000 o 20,000 MXN mensuales y quieres 50,000. Y está bien soñar y está bien que todos tengamos ambiciones. Pero justamente por dar estos brincos, Es por lo que te das cuenta de que llamas la atención y empiezas a caer en defraudaciones. Si fuéramos más congruentes, oye, qué mejor, si yo me pensiono, recibiendo lo que hoy tengo, qué es con lo que vivo, sin trabajar, no, bueno, maravilla, yo llamé, decirte lo peor que le puede pasar a una seguralista que soy yo, es que puedo hacer estrategias para todo el mundo, pero yo soy de la ley 97. Imagínate entonces es lo que les digo, ojo a mi si me dijeran tienes la oportunidad, no del 100 Vas a recibir el 80% de lo que venía recibiendo. ¿Dónde firmo ahorita dije, Sabes cuánto vamos a recibir los del 97? Entre un 15 y un 20% de todo tu ingreso laboral, o sea que nos toca ahorrar porque si me quedo que el Estado me mantenga o a que una pensión mínima garantizada me mantenga, pues no ahorrar, hacer una estrategia de un negocio autosustentable, que me mantenga, pues ya si quieres compra vivienda para vivir de tus rentas, pero tengo que buscar como lo voy a hacer y los que tienen ley 73, con un montón de oportunidades y las desperdician por avaricia o las desperdician por desconocimiento".

3.6.3 Resultado de cuestionario

Se aplicaron diez cuestionarios (ver anexo 4) a individuos que se dedican a la prestación de servicios independientes los resultados se ordenaron en un cuadro de análisis (ver anexo 5) los resultados se presentan a continuación.

En relación con la primera pregunta del cuestionario ¿Qué le motivo a independizarte profesionalmente? Los sujetos coinciden mencionando disponibilidad de tiempo, incremento en los ingresos y el desarrollo profesional, y totalmente diferente la respuesta de uno de los encuestados es, la crianza de los hijos.

En relación con la pregunta número dos del cuestionario," Una vez que tomó la decisión de independizarse", ¿Cuál opción de Modalidad que ofrece la Ley del Seguro Social, o particulares, decidió para asegurar tu retiro? Los sujetos coinciden mencionando que al independizarse siguieron cotizando en el régimen obligatorio y la Modalidad 40, y totalmente diferente la respuesta de uno de los encuestados, Contrato un seguro de vida y seguro de gastos médicos.

La pregunta número tres del cuestionario, ¿Cuánto tiempo transcurrido a su independencia profesional, tomó la decisión para seguir conservando el derecho ganado con relación al tiempo que estuvo cotizando en el IMSS, como empleado? En esta respuesta coinciden en que inmediatamente después de haber terminado la relación laboral continuaron cotizando en el IMSS, uno de los encuestados su respuesta muestra una gran diferencia, 20 años

La pregunta número cuatro del cuestionario, ¿A los cuantos años considera retirarse de su actividad profesional? En respuesta coinciden que los 60 años y a los 65 años, y totalmente diferente una de los encuestados respondió, por el momento no se tiene considerado los planes de retiro del despacho, esto sería a partir de los 62 años.

La pregunta número cinco, ¿Cuál es el principal motivo para tomar dicha decisión? Coinciden en que los motiva es disfrutar a la familia, descansar y viajar, uno de los encuestados su respuesta es diferente a los demás, La idea es que en algún momento pueda tener una empresa consolidada y que funcione por si sola, seguir adquiriendo conocimientos para continuar trabajando en diferentes actividades. Es importante generar espacios de descanso y disfrute y no se tiene que esperar hasta que se jubilen para esto, así que no hay presión por querer dejar de trabajar si mi cuerpo me lo sigue permitiendo.

La pregunta número seis una vez tomada la decisión del retiro de su actividad profesional, y si contrato un plan de retiro para tener derecho a una pensión, otorgada por el IMSS o por empresa particular. ¿Cuál sería el importe que considera necesario recibir, para cubrir sus necesidades económicas? Los sujetos encuestados coinciden en recibir el importe de $ 40,000.00, mensuales, y totalmente diferente que uno pretende recibir un importe de $ 60,000.00, mensuales.

La pregunta número siete ¿Cuál es su percepción con relación a que una vez pensionado el IMSS cumpla con la obligación de cubrir el pago de su pensión, durante todo el tiempo que permanezca el beneficio? Los sujetos encuestados coinciden en que se genera incertidumbre por parte de los derechohabientes del IMSS, de que en cierto tiempo no se tendrán los recursos para cubrir las pensiones, una diferencia importante de un encuestado en la siguiente: La percepción que se tienen con relación al IMSS es que no desaparecerá, que los pagos de las pensiones siempre estarán cubiertos que se tendrá la solvencia y seguirá pagándolas.

Capítulo IV

Conclusiones

4.1 CONCLUSIONES DE LAS ENCUESTAS

La encuesta se aplicó a 100 docentes de la Universidad de Guadalajara, es pertinente hacer la siguiente aclaración con relación al motivo por el cual se decidió encuestar a este grupo.

La institución fue creada en 1925, durante mucho tiempo otorgó prestaciones de seguridad social a sus trabajadores, en particular con la creación del IMSS se dio paso a la incorporación de los beneficios de la ley vigente en su oportunidad, sin embargo en noviembre de 2003 y por acuerdo de las autoridades con la anuencia de los sindicatos (académicos, administrativos y trabajadores), se deja de pertenecer al régimen obligatorio, únicamente entregando las prestaciones en especie de la rama de enfermedades y maternidad a través del IMSS, para dar paso al Régimen de pensión mediane un Fideicomiso de Pensiones y Jubilaciones.

A la fecha, en que se deja de cubrir la rama de pensiones al IMSS, un gran número de trabajadores tienen derechos adquiridos por la LSS 1973, situación que les permitirá, previo cumplimiento de semanas cotizadas y edad, tramitar su pensión, siempre y cuando se encuentren dentro del periodo de conservación de derechos o se incorporen a la Continuación Voluntaria en el Régimen de Pensiones (COVORO) conocida como “Modalidad 40”.

Algunos trabajadores tuvieron la precaución de contratar la Modalidad 40 desde la fecha en que se dejó de cubrir la rama de pensiones, en relación al personal docente, algunos tenían otra actividad en donde siguieron cotizando en el régimen obligatorio del IMSS, y por tanto conservan el derecho de pensionarse cumpliendo los requisitos para ello. Pero la gran mayoría de los entrevistados, quizás por falta de información no lo contrataron dentro de los cinco años siguientes a la fecha de la baja del IMSS, no mostraron ningún interés con respecto a que podían lograr una pensión por parte del IMSS, adicional a la jubilación que ofrece el centro de trabajo.

A partir de la información recabada en las encuestas, se llegó a la conclusión de que ya hay mucha información por parte de amigos, medios de comunicación y familiares, con respecto de los beneficios que brinda el hecho de contratar la Modalidad 40 y la gran mayoría sabe en donde investigar el número de semanas que cotizaron en el IMSS, los requisitos para contratar la Modalidad 40, y en donde contratarla, además de conocer a qué edad es conveniente contratarla, pudiendo ser a partir de los 55 años o más.

La mayoría de los encuestados manifestaron su disposición a contratar con el tope del SBC, de las veinticinco UMAS, porque pretenden recibir una pensión de $ 35,000.00 a $ 60,000.00, un número menor manifestó, disposición para recibir una pensión de $ $ 20,000.00 a $ 30,000.00, y una minoría se manifestó por un rango de $ 10,000.00 a $ 20,000.00, dichos importes son variables, esto, con relación al número de semanas cotizadas que tengan el IMSS.

A partir de la información recabada de las encuestas se puede concluir, que la gran mayoría de las personas encuestadas tienen conocimiento de que, por la fecha en que fueron dados de alta por primera vez en el IMSS, si les aplica la LSS 1973.

Otro hallazgo interesante, de acuerdo con las encuestas aplicadas, es que existe un gran interés y conocimiento por parte de los trabajadores docentes de la Universidad de Guadalajara, que tienen derecho a lograr la pensión del IMSS, bajo la LSS 1973, en la contratación de la Modalidad 40 para lograr obtener el importe pretendido.

4.2 CONCLUSIONES DE LAS ENTREVISTAS

A partir de la información recabada de las entrevistas, se puede concluir que, las autoridades del IMSS ya están más alertas con los movimientos afiliatorios de las personas que tienen más de 55 años de edad y que permanecieron más de 10 años sin relación laboral, y sobre todo aquellos que nada más permanecen registrados como empleados en el IMSS durante 52 semanas, con un salario mínimo e inmediatamente después de su baja de la relación patronal estos contratan la Modalidad 40 con el tope de las veinticinco UMAS. Este tipo de movimientos ya se están fiscalizando, para que se investigue al patrón, para saber si realmente existió la relación laboral, en caso de que no se cumpla con las evidencias solicitadas por parte de la autoridad se procede a invalidar las 52 semanas cotizadas, así como aplicar la baja de la Modalidad 40.

Este tipo de respuesta que se está dando por parte de las autoridades del IMSS es porque en los últimos años se ha incrementado la contratación de la Modalidad 40, y en su gran mayoría con el SBC topado, derivado de este tipo de estrategias en años pasados, esta institución ha otorgado pensiones con importe de más de cuarenta mil pesos mensuales, muy superiores a los que se otorgan en otros esquemas.

El incremento de la contratación de la Modalidad 40, es ofrecido recientemente por parte de algunos despachos, que ven una oportunidad de obtener beneficio en su gestión. También por publicidad en medios electrónicos, principalmente redes y por personas (amigos y familiares) que tienen información.

El beneficio para registrarse en la Modalidad 40 es un derecho adquirido por la LSS 1973 por lo tanto es un derecho legítimo, legal y trasparente. El tema es formular una estrategia consistente ante el IMSS para lograr la pensión deseada sin que genere suspicacias por parte de este Instituto.

En cuanto a la sostenibilidad de las pensiones por parte del Estado, los entrevistados tienen claro que cada año se incrementa el número de los derechohabientes de la LSS 1973, tema que se ha vuelto sensible para las finanzas gubernamentales y del IMSS.

Otro comentario relevante de los entrevistados se refiere a la estrategia que el propio IMSS está utilizando de no otorgar correctamente el importe de la pensión a algunos derechohabientes. Para que estos interpongan un juicio en contra de esta Institución y con ello aplicar la jurisprudencia del tope de los 10 SMG, a través de un comunicado del Consejo Técnico del IMSS, ellos asumieron que no aplicarían los topes mencionados al momento de la determinación del monto de la pensión, pero en caso de una demanda si la está aplicando. Razón por la cual los afectados no se arriesgan a interponer la demanda en contra del IMSS y terminan aceptando el importe de su pensión autorizada.

4.3 CONCLUSIONES DE LOS CUESTIONARIOS

Conforme a la información recopilada y analizada, producto de los cuestionarios aplicados a las personas que se dedican a la prestación de servicios, se llegó a la conclusión de que la mayoría de ellos, al dejar de trabajar como empleados, tomaron diferentes acciones para mantener sus derechos adquiridos en relación al tiempo que cotizaron en el IMSS. Algunos continuaron cotizando en el régimen obligatorio a través de empresas donde prestaban servicios profesionales o con amigos que los registraban como empleados, mientras que otros optaron por contratar la Modalidad 40. Aunque algunos dejaron pasar hasta 20 años sin cotizar en el IMSS, todos tienen la intención de preservar sus derechos adquiridos.

En la fecha de la presente investigación, la mayoría de las personas encuestadas ya están inscritas en la Modalidad 40 ya que aspiran a obtener una pensión que oscile entre cuarenta mil pesos y sesenta mil pesos mensuales. Además, cuentan con información necesaria para lograr este objetivo.

También expresan su deseo de retirarse de sus actividades profesionales al cumplir 65 años, una vez que cumplan con los requisitos para poder pensionarse. Tienen planes de viajar, pasar más tiempo en su casa, disfrutar a su familia y de ellos mismos.

Algunos manifestaron incertidumbre, acerca de si el Estado cumplirá con su obligación de pagar la pensión o si en caso de su fallecimiento, cumplirán con los beneficiarios designados.

4.4 CONCLUSIONES GENERALES

Con respecto a los derechohabientes de la LSS 1973, que estén utilizando el esquema de la Modalidad 40, para lograr una pensión que sea acorde a sus necesidades económicas, derivado de esto, dichos trabajadores ya no tendrán que preocuparse por seguir trabajando en la última etapa de su vida para poder disfrutar de su familia.

Es una buena planeación el utilizar el esquema mencionado en el párrafo anterior, el problema es que se cometen abusos por parte de algunos derechohabientes y esto provoque, el que se legislen cambios para que este beneficio deje de ser una buena estrategia de inversión de los derechohabientes del IMSS.

De acuerdo con los datos analizados, con respecto del total de derechohabientes de la LSS 1973, que a la fecha están inscritos en la Modalidad 40, no llega a 300 mil personas (IMSS, s.f.), esto no es tan significativo, porque hace solo 25 años que ocurrió el cambio de la LSS; (julio de 1997), fecha en que se empezó a utilizar este esquema.

Sin embargo, las autoridades del IMSS ya están monitoreando a los que contratan la Modalidad 40.

Los trabajadores no pueden exigirles a las empresas que los registren en el IMSS, con su SBC de acuerdo con lo que realmente les pagan, tal vez en la actualidad ya no se está cometiendo este tipo de abusos, pero en el pasado si fue muy evidente, por las estrategias fiscales que ofrecían las Outsourcing, dicho esquema de contratación desaparece a partir del ejercicio fiscal 2021. Mientras existió dicho esquema de contratación les afecto a los derechohabientes del IMSS, porque la pensión se determina con el salario promedio que cotizaron durante los últimos 5 años previos al trámite de la pensión, entonces recibirán la pensión mínima garantizada, de acuerdo al artículo 168 de la LSS 1973, en el cual se menciona que la pensión no podrá ser inferior al SMGDF, para el ejercicio fiscal 2023, no podrá ser inferior a la cantidad de $ 7,003.69 (siete mil tres pesos 69/100), razón por la cual tendrán que seguir trabajando para completar el sostén de su familia.

De acuerdo con lo que se menciona en el párrafo anterior, es razonable que los derechohabientes del IMSS que puedan aprovechar el esquema de la Modalidad 40, con el propósito de incrementar el monto de su pensión y con ello poder recibir un ingreso similar al último sueldo, ya que, si no se aplica esta alternativa, sus ingresos serán deficientes para poder enfrentar su manutención.

Al parecer ya se están implementando diferentes Modalidades, por parte del IMSS, como es la Modalidad 34, (Personas Trabajadores del Hogar). Ahora ya se incorporan los trabajadores del hogar, ya se puede contratar con SBC, que no sea superior al especificado en el artículo 28 de la LSS 1997.

También, está la Modalidad 44, para los trabajadores independientes, con los mismos requisitos del SBC, porque anteriormente estaban inscritos en la Modalidad 35, en donde existían restricciones con respecto a su SBC, pues estaba restringido a un SMGDF, y el IMSS con estos nuevos esquemas tiene como finalidad el incrementar el número de derechohabientes activos.

Finalmente, existe gran incertidumbre con relación a la sostenibilidad del sistema de pensiones en México, por los recursos que se tienen que disponer para el pago de este rubro a cargo del Estado, ya que conforme transcurra el tiempo se reflejara un incremento muy importante.

Tal vez, sea oportuno utilizar el establecer un fondo especial de recursos, para enfrentar esa erogación sin que se sacrifiquen otros sectores.

Otra alternativa es incentivar las aportaciones voluntarias al fondo de retiro a los derechohabientes de la LSS 1997, que el Estado los apoye otorgándoles una cantidad igual a la ahorrada durante su trayectoria laboral al momento de otorgarles su pensión, con esto se incrementa el fondo de retiro junto con el que aportan los derechohabientes, los patrones y la parte que le corresponde al Estado conforme a la LSS 1997.

Por último, también podría ser conveniente que las aportaciones al fondo de retiro de todos los derechohabientes de la LSS 1973, los administre el Estado y no las AFORES, porque con esos recursos recabados se puede hacer frente al pago de las pensiones para reducir el impacto económico que a la fecha está causando el pago de ese rubro.

Anexos

ANEXO 1. ENCUESTA A 100 MAESTROS DE LA UNIVERSIDAD DE GUADALAJARA, (CUCEI)

El presente instrumento forma parte de una investigación, relacionada con la contratación de la rama de la ley de Seguridad Social, de la contratación voluntaria. Se agradece la información proporcionada, enfatizando su carácter confidencial.

Señale con una "X" la respuesta que considere adecuada a cada una de las preguntas y afirmaciones.

1.- ¿Bajo qué ley del IMSS, cotizó durante el tiempo que trabajó para un patrón?

- a) Ley Seguro Social 1973. ☐
- b) Ley Seguro Social 1997. ☐
- c) No sé. ☐

2.- ¿Cuánto tiempo tiene que no cotiza en el IMSS?

- a) Más de 3 años. ☐
- b) Más de 6 años. ☐
- c) Más de 10 años. ☐
- d) Actualmente si cotizo en el IMSS ☐

3.- ¿Dónde puede investigar el número de semanas cotizadas que tiene en el IMSS?

a) Página del IMSS o internet. ☐

b) No sé ☐

c) Empresa en donde Trabajo ☐

4.- ¿De dónde ha obtenido información respecto a la modalidad 40 del IMSS?

a) Medios de comunicación. ☐

b) Amigos. ☐

c) Empresa donde trabajo. ☐

d) No tengo información. ☐

5.- ¿Qué personas pueden contratar la "Modalidad 40"?

a) Afiliados bajo el régimen de la Ley del Seguro Social 1973 ☐

b) Afiliados bajo el régimen de la ley del Seguro Social 1997. ☐

c) No sé. ☐

6.- ¿Cuál es la finalidad de contratar la "Modalidad 40"?

a) Incrementar el número de semanas cotizadas para poder tener derecho a la pensión. ☐

b) Poder completar el número de semanas cotizadas para poder tener derecho a la pensión. ☐

c) Aumentar el monto de la pensión, que recibiré al momento de pensionarme. ☐

d) No sé. ☐

7.- ¿En qué dependencia de gobierno, puede contratar la "Modalidad 40"?

a) En la subdelegación que le corresponde de acuerdo con su domicilio ☐

b) No sé ☐

8.- ¿Cuáles son los requisitos para poder contratar la "Modalidad 40"?

a) Documento en donde se refleje el número de seguridad social identificación oficial, comprobante de domicilio ☐

b) Estado de cuenta afore, CURP. ☐

c) No sé ☐

9.- ¿A partir de qué edad puede contratar la "Modalidad 40"?

a) No hay límite ☐

b) Al cumplir los 55 años o más edad ☐

c) No sé ☐

10.- ¿Cuáles son los rangos de salario para contratar la "Modalidad 40"?

a) Con el último sueldo que cotizó en el IMSS. ☐

b) Con un sueldo mayor al último con que cotizó en el IMSS. ☐

c) No sé. ☐

11.- ¿De cuánto debería ser su pensión para garantizar su nivel de calidad de vida actual?

a) Un rango de $ 10,000.00 a $ 20,000.00 mensuales ☐

b) Un rango de $ 20,000.00 a $ 30,000.00 mensuales ☐

c) Un rango de $35,000 a 60,000.00 mensuales ☐

ANEXO 2. ENTREVISTA A CUATRO EXPERTOS EN MATERIA DE SEGURIDAD SOCIAL

ENTREVISTA SEMIESTRUCTURADA, PARA EXPERTOS EN SEGURIDAD SOCIAL.

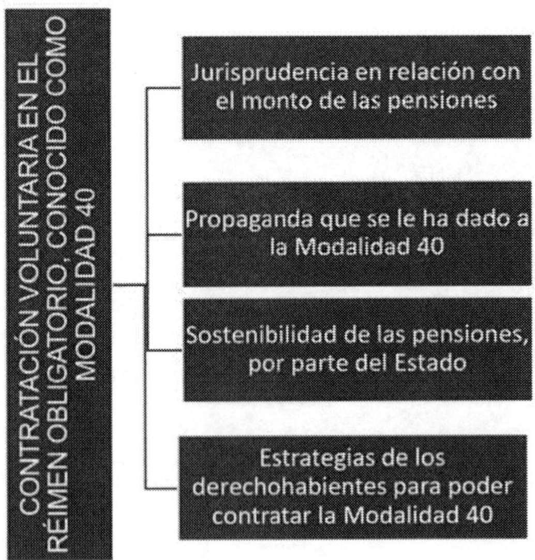

ANEXO 3. CUADRO DE ANÁLISIS DE LA ENTREVISTA

SUJETOS ASPECTOS	S1	S2	S3	S4	ANÁLISIS
1.- Jurisprudencia en relación con el monto de las pensiones	Er: Que comentarios tiene en relación a la jurisprudencia con el monto de las pensiones. Eo: Bueno, en primer término, esta jurisprudencia que salió, pues precisamente para efectos de quienes demandaban al Instituto mexicano del Seguro Social en relación al pago de su pensión, porque había personas que ya estaban, pues pensionadas con anterioridad y que en algún momento pues se pensionaron con el salario que tenían o percibían en su momento, y el cual, pues este obviamente, pues les daba el	Er: La primera es, comentarios con relación a la jurisprudencia que salió de, Del tope de los 10 salarios mínimos. Eo: Respecto a la jurisprudencia, tendría que buscar el dato exacto. Pero lo que yo recuerdo es que para la ley 97 era a 25 salarios, para ley 97, que nunca van a llegar porque pues las aportaciones, son súper poquitas, pero entonces se creó una confusión y para ley 73 se han estado otorgando topadas a 25 salarios más sin embargo, hay una jurisprudencia que te habla de los 10 salarios, pero te	Er: La primera es, comentarios con relación a la jurisprudencia que salió de, Del tope de los 10 salarios mínimos. Eo: Ok, Mira esa jurisprudencia si bien es cierto, digo, es aplicable, Obviamente, es aplicable en un juicio, que está haciendo el IMSS, el IMSS está orillando a que lo demandes, para que entonces, en el juicio sí puede invocarla porque de oficio no lo puede hacer entonces. Lo que estás en el Instituto, es decir, a lo mejor a ti te tocaba una pensión de 30,000 MXN, te la doy	Er: Que opina en relación con la jurisprudencia Eo: mira en este punto creo en la práctica no a la hora de litigar un juicio en esa disciplina solamente te aplican ese tope, porque si lo están aplicando exclusivamente para aquellos casos en que hacen algún reclamo en los montos, me parece supuesto que es totalmente incongruente que a ti te den una base de cotización mucho más alta para que luego te topen a la hora de la entrega de las pensiones y creo que de ahí se van a desprender la	**Recurrencias:** **Coinciden** En que la aplicación de la jurisprudencia es solamente aplicable en un juicio en contra del IMSS. **Coinciden** Con respecto a la jurisprudencia que señala que las pensiones de la LSS 1973, están topadas en 10 veces el SMGDF, sin embargo, al momento de contratar la Modalidad 40, el IMSS autoriza que se contrate con el SBC topado en las veinticinco UMAS, vigentes al momento de la contratación,

SUJETOS ASPECTOS	S1	S2	S3	S4	ANÁLISIS
	derecho a una pensión quizás mínima medianamente, pero no tenía la esperanza, pues más que de aumentar la pensión conforme al INPC al índice nacional de precios al consumidor más sin embargo, este, cuando se crea la nueva ley del 01 de Julio de 1997, se deja establecido que para los efectos de la ley de 1973, que a esta fecha ya está derogada, quedaron aspectos como para conservar que aquellas personas que les da derecho a la del 73 mejorarán su pensión. En función de que, pues habría	habla de salarios no de UMA, pero como hay otra disposición que te dice que todo lo que venga es salarios mínimos se convierte a UMAS pues entonces se están dando en UMAS que es incorrecto porque si tú te vas explícitamente a la ley te habla de salarios mínimos. Er: Sí, toda la ley, salarios mínimos Eo: Si no te habla de UMAS, o sea, tendrían que haber agarrado la ley y cambiaba a UMAS Porque la ley que habla de salarios mínimos, no de UMAS, entonces	de 20, me vas a pelear que estoy mal, pero en realidad para mí el tope representa 10, entonces, Yo te di 20, tú querías 30 y yo última hora, Invocó la jurisprudencia y te doy 10. Desgraciadamente, ha orillado pues a que la gente pues se quede con la pensión que le den, aunque esté mal. Por el tema de la jurisprudencia, sin embargo, esa jurisprudencia tiene algunos aspectos que hemos tratado de explorar, y digo Tratado porque no se ha logrado. ¿Por qué? Porque la gente no tiene que jugar,	implementación de muchos medios de defensa, porque si tú pagaste sobre una base mucho más alta, entonces deberían de hacerte la devolución de aquellas partes que te cobraron en exceso, sin embargo, ellos se van a justificar, en que bueno, pues, el salario fue así, para alguien que trabajó de forma subordinada y estaba mediante el régimen obligatorio inscrito en la fracción en el artículo 2 fracción primera, bueno, pues el salario va a ser independiente, no en cuanto a lo de modalidad 40 si hay	pero si se apega al contenido de la mencionada jurisprudencia el IMSS, determinará el monto de la pensión con relación a las disposiciones de la misma. **Diferencias: 1** Una diferencia importante es que el IMSS emite la resolución del monto de la pensión incorrecta para orillar a los pensionados para que lo demanden, entonces, en el juicio sí puede invocar la jurisprudencia, porque de oficio no lo puede hacer, argumentado lo siguiente:

	una mejoría con el objeto de que no se quedaron rezagados económicamente, el poder adquisitivo y otra serie de cuestiones y esto implica que en un momento determinado, pues se liberó a 25 salarios en aquel entonces, ahora lo están manejando con UMAS a raíz, pues, de la creación de las UMAS para los efectos de separar las sanciones o infracciones con respecto al salario y liberar el salario mínimo, bien en ese caso, pues el tope de los 25 salarios se dejó abierto para que quienes tenían la posibilidad de realizar la contratación de la modalidad 40, con	por eso se han estado entregando las pensiones a 25 topadas a 25 UMAS, entonces esto es lo que se, te puedo buscar literatura y no tengo tema, te la busco y te la mando por es un tema que me encanta. Er: Claro que sí. De hecho, pues no la están respetando porque los del del Consejo Técnico del IMSS salió a decir que ellos van a seguir otorgando las pensiones topas a las 25 UMAS. Eo: Pero en algún momento dado puede llegar alguien que sí se apegue a la disposición y se vaya a las 10, 10 salarios mínimos,	en decir vamos a atacarla, no, tú puedes hacer un contrario de tesis, no En algún momento, obviamente entonces, pero para ello tienes que ir a un juicio y tienes que terminarlo y tienes que ver como termina y la gente, una vez que le dicen, Ah, está bien, tú querías 20, yo te voy a dar 10, pues entonces aquí está la tesis, la gente ya no se anima y eso es un problema, no hemos podido atacar esa tesis porque la gente ya no se anima porque dice, no voy a salir, perdiendo. Imagínate que algo salga mal, me voy a jugar los otros 10,000 MXN, pues mejor no, y la verdad	alguna repercusión un poco más directa porque, si ya saben que va a estar topada, no te deberían de permitir pagar en base a las 25 UMAS sino topados a los 10 salarios, eso es algo que debería de comenzar a implementarse, esta tendencia va más allá de otra cosa, porque muchas personas descubrieron el hilo negro a la hora de planear una pensión, esto es toda una vida cotizando, con salarios bajos luego incremento esta modalidad 40 y recibo unas pensiones fabulosas, entonces por ahí va, es más, más este cuidar las finanzas públicas. Er: Exacto.	Si al derechohabiente le correspondía de pensión $ 30,000,00, le autoriza $ 20,000.00, para propiciar que se presente la demanda en contra del IMSS, este para defenderse argumenta que el tope representa $ 10,000.00, como monto máximo de pensión y este autoriza $ 20,000.00, cuando al derechohabiente le correspondía el monto de su pensión de $ 30,000.00, en el caso de que se presente la demanda, el IMSS se apega a la jurisprudencia y le termina otorgando una pensión con un monto de $ 10.,000.00, porque en la LSS 1973 si

SUJETOS ASPECTOS	S1	S2	S3	S4	ANÁLISIS
	un mayor salario, pues obviamente aspirarían a un mayor número de semanas y a un mayor salario que determinaría la cuantía básica de la pensión. Esto, consecuentemente, trae una situación muy importante que habría personas que ya estaban pensionadas, que ya no podían realizar esta acción. Sin embargo, pues en la en el área de la abogacía manejaron algunas situaciones en las que personas que se habían pensionado con 10 o menos salarios, que era el tope de la ley del 73, 10 salarios efectivamente,	apegándose estrictamente a la disposición, cosa que seguramente sucederá porque las pensiones en México no son viables cada día hay menos gente trabajando para mantener a más gente adulta, porque tú recordarás que nuestros papás eran de los que tenían 8 o 10 hijos, y actualmente pues tenemos 2 hijos y nuestros jóvenes tienen cero hijos, ¿no? Quieren perros	es de que le funcionó bastante bien este asunto, ahora por qué se dio esa tesis y porque fue el nacimiento, porque recordemos que esto viene para la ley 73, venimos de una ley anterior y en la ley anterior si había un tema de un tope, pero ahorita estamos transitando en 2 leyes y aparte de esas 2 leyes con reglas totalmente diferentes y entonces la tesis dice haber, no me digas que tú quieres los beneficios de la Ley 73, pero con la aplicación de la Ley 97. Por eso fue el tema de la tesis. ¿No? Entonces		había un tema de un tope, pero ahorita se están transitando 2 leyes y reglas totalmente diferentes, entonces la tesis dice, tú quieres los beneficios de la LSS 1973, pero con la aplicación de la LSS 1997, derivado de esto fue el tema de la tesis. La verdad esto le está funcionando muy bien al IMSS, porque los derechohabientes no se animan a demandarlo, y terminan aceptando lo que les autorice de pensión el IMSS. Sin embargo, si se aplican los transitorios de como fue el cambio de la ley, si hay aspectos que

	entonces en ese caso lo que sucedió es que personas aprovechando estas circunstancias querían pagar al seguro social la diferencia a 25 salarios no obstante que ellos se pensionaron con 10 pagando ese 15 restante y que lo mejoraron la pensión, pero como eran casos cerrados, juzgados y hechos, pues no, no se dio esa situación, entonces en algún momento dado el Instituto Mexicano del Seguro Social se amparó a esta situación. Y, pues claro, como consecuencia, que la suprema Corte de Justicia de la nación al dictar esta		vamos a tomar todos los aspectos de la ley 73 y los aspectos de la Ley 73 será el tope. Esa es la situación de el origen y de cómo lo está utilizando el Instituto a su favor, Sin embargo, si nosotros nos vamos a los transitorios de cuándo fue el cambio de ley, pues si hay aspectos que nos pueden permitir debatir eso, porque al final del día el transitorio te dice de alguna manera, te dice derogo todo esto no, lo modifico o lo reformó, depende de cuál sea la situación que entre en vigor a partir de que, y el transitorio lo que hace es ciertos ajustes, aclaraciones o		se puedan debatir, porque se van a seguir respetando los derechos de los derechohabientes que pertenecen a la LSS 1973, también otro aspecto es que en el transitorio no habla de los topes, entonces sí se puede ganar el juicio en contra del IMSS, pero el problema es que no hay quien demande. **Diferencias: 2** Esto trae una situación aparejada a otro problema y resulta que en lo que es esta mejoría para los efectos de la pensión de la LSS 1973. Este, pues se pensó que las personas mayores de edad arriba de los 50

SUJETOS ASPECTOS	S1	S2	S3	S4	ANÁLISIS
	jurisprudencia, indicó claramente que la interpretación correcta de la ley eran 10 salarios no 25, Por lo tanto, ellos se ajustarían ahí, entonces esto consecuentemente trae un aspecto muy relevante y bueno, pues que en este caso quienes demandarían al IMSS por esa situación pues iban a quedar en jurisprudencia y no iba a quedar otra situación más que dejarlos en 10 salarios, cuando mucho, entonces esto es más o menos el devenir histórico de esta situación. Más, sin embargo, este, pues aparta también de		excepciones y en los transitorios te dice que específicamente se va a quedar, vigente la ley hasta que las personas en el caso de la ley 73, y si, efectivamente habla de que se les van a seguir respetando los derechos y demás, pero los transitorios no hablan de este tema del tope, entonces por eso, si pudiera llegar a ser peleable, considero que sí, desgraciadamente no tenemos con quien pelearlo. Er: No pues que, mal. Eo: Correcto.		y 55 años difícilmente les dan trabajo, porque muchos se encuentran en la situación de que dejaron de cotizar 20, 15, y 8 años y esto como consecuentemente, pues trae una situación de que difícilmente alguien les pueda dar trabajo para que coticen 52 semanas previas a la contratación de la Modalidad 40, que es lo que les daría el derecho. Porque ya las políticas de las empresas en algún momento dado, no te permiten contratar personas arriba de 48 y 55 y menos a los 59 años entonces, ¿cómo van

	que, en su momento, cuando se crea la nueva ley, es precisamente para que las personas pudieran mejorar su cuantía básica de la pensión sus semanas con los incrementos necesarios del número de requisitos de semanas y esto le permitirá tener una mejor pensión. Siempre y cuando pues no, no demandaron al Instituto. Eso es, la situación, ahora bien, esto trae una situación aparejada a otro problema y resulta que en lo que es esta mejoría para efectos de esta pensión. Este, pues se pensó que las personas mayores de porque muchos nos encontramos que				a restablecer esos derechos? Para poder tener derecho a una pensión por parte el IMSS.

SUJETOS ASPECTOS	S1	S2	S3	S4	ANÁLISIS
	edad arriba de los 30 35 años difícilmente le dan trabajo, dejaron de cotizar 10, 5, 15,20 años y esto como consecuentemente, pues trae una situación de que difícilmente alguien les pueda dar trabajo para que coticen 52 semanas previas a la contratación de la 40, el que es lo que les daría el derecho, porque, porque ya las políticas de las empresas en algún momento dado, no te permiten contratar personas arriba de 35,40,Mucho menos 50 años entonces, cómo van a Restablecer esos derechos?				

2.- Propaganda que se le ha dado a la Modalidad 40	Er: Qué opina en relación con los trabajadores, que están contratando la modalidad 40 y aprovechando, los beneficios que para ellos les brinda, ¿Y pues usted cómo lo ve? ¿Este considera que ha crecido? Eo: Pues esto es benéfico para las personas porque el sistema del cálculo de repartos para la determinar la pensión toma 3 elementos, la edad, el salario y el número de semanas, el salario promedio de los últimos 5 años. Qué es lo que la mayoría de las personas, pues es donde deben de invertir y realizar precisamente se abrió	Er: Que opina. En relación con la propaganda que se le ha dado a la modalidad 40. Eo: Fíjate, que yo creo que hay un abuso. En la modalidad 40, hay un abuso, creo que el mexicano yo no sé si en todo el mundo, pero el mexicano en particular no sabes respetar las reglas, entonces te abren una propaganda. Te abren una, disposición que te da una facilidad y le empezamos a dar una propaganda negativa y luego hay gente sin ética, Lo que te mandaba en el audio en la tarde del licenciado Gerardo, gente sin ética que	Er: Sí, y luego, con relación a la propaganda que se le ha estado dando ahorita la modalidad 40, porque ya hasta casi casi hasta el último rincón, ya conoce de eso. Eo: Fíjate que la modalidad 40, voy a utilizar una palabra muy fuerte, pero se ha prostituido bastante, ya cuando tú lo expliques no pongas esa palabra, pero la verdad es que, si eso paso, es una muy buena opción que te da la ley en continuar con derechos cuando te dan de baja. Sin embargo, la gente lo vio como una estrategia para obtener un beneficio pensionario	Er: Que comentarios tiene en que se le ha estado dando mucha propaganda a la Modalidad 40. Eo: Bueno se ha popularizado mucho la modalidad 40 y ha servido para planear, obviamente con mucha cautela esto de las pensiones, y por supuesto tomamos consideración que las pensiones desde la reforma de la ley del vigente del 97, las paga el Estado mexicano se pagan del presupuesto de un rubro que existe para el pago de las pensiones en curso de pago pues obviamente que está sangrando las finanzas del erario, llamémosle así.	**Recurrencias** Se está generando un abuso, en la contratación de la Modalidad 40, porque ha servido para planear un beneficio pensionario y no se está aplicando en el sentido para lo que fue implementada, que es para cuando un trabajador se queda sin relación patronal antes de que cubra los requisitos de la LSS 1973, para poder tramitar su pensión, para que siguiera la conservación de sus derechos y a la par el aumento del número de semanas cotizadas en el IMSS. **Diferencia:** Pues esto es un benéfico para los trabajadores porque

SUJETOS ASPECTOS	S1	S2	S3	S4	ANÁLISIS
	ese esquema por la ley del seguro social en su momento, por quienes legislaron esta situación, pues para darle una mejoría a todas las personas mayores de edad que ya difícilmente podían contratar trabajo y siendo ellos empleados, como trabajadores mecánicos, dentistas, plomeros, los abogados con todo lo que fuera, tenían la posibilidad de emplearse por sí mismos y pagarla las cuotas correspondientes para que no se perdieran sus derechos adquiridos por decir así, de los 18 a los 35 años, qué	te dice, ven, yo te hago el trámite, yo te ayudo a conseguir las semanas en el seguro social te las venden o te las vendían este o te las pierden y este y entonces se ha hecho una mala se ha hecho mucha publicidad, pero la genta ha hecho	que no te lo impide. O sea, si somos muy honestos lo que no está prohibido está permitido, no te lo impide, pero hemos sido demasiado evidentes y abusivos con la estrategia, fue lo que nos pasó con el outsourcing y con muchas cosas. O sea, la figura existía, estaba bien, pero abusamos de ella pues nos restringen que está pasando ahorita con modalidad 40 para empezar, se tiene mucho tiempo hablando de una reforma, reformas que no ha prosperado, pero que tarde o temprano van a tener que darse en	Porque de ahí se desprende, no. Entonces, bueno, ya se dieron cuenta y obviamente que van a tratar por todos los medios de frenar este punto, de hecho, el incremento en el pago va a ser muy complicado, las reformas que se hicieron entraron en vigor a partir del 01 de enero del 2023 va a ir encareciendo esa parte, creo que fue más por la modalidad 40 que porque realmente les preocuparon las pensiones de los trabajadores, sin embargo, eso también le va a afectar a los trabajadores que se	para el cálculo la pensión toma 3 elementos, 1.- la edad, 2.- el salario y 3.- el número de semanas cotizadas en el IMSS, para determinar el salario promedio se considera el salario de los últimos 5 años qué cotizo en el IMSS. Razón por la cual la mayoría de las personas que quieren lograr una pensión acorde a sus necesidades económicas, invierten recursos económicos para realizar los pagos que durante el periodo mencionado se requiere para cubrir la contratación de la Modalidad 40. Y precisamente se

	es lo que elaboraron y generaron semanas y para que aspiraran a una pensión, pues más digna, mejor. Por eso se dejó ese esquema en su momento por quienes legislaron la ley. Entonces esa era la inquietud con la que podrían los trabajadores, pues ahora acercarse a crecido esto porque ha habido una gran demanda que han visto que es un sistema de reparto. Er: Y hasta cierta forma ha habido mucha promoción por parte de los despachos que se dedican a eso Eo: Nomás que hay que tener mucho cuidado en estos aspectos hay puntos		la modalidad 40 para hacer una restricción seria sobre la modalidad 40 insisto por el abuso que hay, si nosotros lo vemos frío, déjame hablar primero de manera objetiva y después de manera legal no, objetiva en cuanto a números. Nosotros venimos pagando 10 MXN de seguro social toda la vida, y queremos en los últimos 5 años invertir porque esa es la manera, no en que se utiliza la modalidad 40 realmente, y decir los últimos 5 años yo invierto 20,000 y entonces no me va a dar sobre 10, me va a dar sobre 50, pero económicamente eso no es viable para instituto,	encuentran vigentes, pero ya sería motivo de otra situación, porque están alentando que los patrones no declaren los salarios reales. Er: Exacto, o sea por un lado si se van a beneficiar los de la ley de LSS 1997, porque se les va a incrementar un poquito más su fondo. Eo: Yo creo incluso que no va a suceder porque hasta para la famosa este, lo que aporta el Gobierno la cuota social, hasta para la cuota social inclusive te dice que si ganas más de cuatro UMAS ya no te dan absolutamente nada entonces y si el patrón lo tiene con salario mínimo,	abrió ese esquema por la Ley del Seguro Social en su momento, por quienes legislaron con la finalidad de darle una mejoría a todas las personas mayores de edad que ya difícilmente podían contratar trabajo, pero que durante mucho tiempo fueron derechohabientes del IMSS, y por un tiempo se dedican a realizar servicios como es el caso de los mecánicos, dentistas, plomeros, abogados, contadores, etc. Tuvieran la posibilidad de emplearse por sí mismos y pagar las cuotas correspondientes para que no se perdieran sus derechos adquiridos

SUJETOS ASPECTOS	S1	S2	S3	S4	ANÁLISIS
	finos, si bien es cierto que te piden 52 semanas previas antes de los últimos 5 años, para, aunque sean ininterrumpidos. También es bien cierto que hay que haber generarlo como un trabajo real, jurídico, fiscal y financieramente que sea verdadero. de lo contrario, que, si no existen esas relaciones obrero patronal en el vínculo que le queda el derecho previo a contratar a la 40, sino también soportaron legalmente, nóminas timbradas, tarjetas de existencia. En fin, que es lo que quiero decir, que realmente		económicamente se está desestabilizando el instituto porque entonces el ingreso que estuvo percibiendo no fue en proporción a las pensiones que está otorgando. Somos parte del problema y a mí me queda claro porque luego mucha gente me dice, pues sí, pero ellos roban, corruptos, Sí, sí, pero también tú eres parte del problema. No cuando nos concienticemos que no nada más ellos están siendo corruptos y no nada más ellos están haciendo cosas que no se deben, nosotros también y nosotros somos	no hay incremento en el pago de las cuentas de RCV, Entonces pues obviamente quien le va a aumentar su salario a sus trabajadores, si me va a pegar en las finanzas empresariales. Porque pues obviamente entonces le afecta tremendamente, porque ahora sí vamos a hablar de puras expectativas de pensiones mínimas garantizadas, que va a terminar pagando el Estado.	por decir así, porque empezaron a trabajar tal vez a los 18 años, y hasta los 35 años, y durante ese periodo generaron semanas cotizadas en el IMSS. Por eso se dejó ese esquema en su momento por quienes legislaron la ley. **Diferencia: 2** Legalmente las reglas están en la ley, ahí te dice qué si y qué no se puede hacer, cuando, cómo, dónde y mientras no se incumplan, pues es válido, lo puedes hacer. Sin considerar la parte moral y ética. Con respecto a lo legal, lo puedes

	haya trabajado, de lo contrario, se van a meter en un problema en el que existe la posibilidad que el Instituto revise, tiene 5 años para revisar el Instituto, entonces tú contratas la 40 y al ratito te llega una visita de verificación para comprobar qué es lo que te dio el derecho, pues las 52 semanas previas que cotizaste con un patrón y eso es lo peligroso, que si no está bien soportado legalmente, financiera, fiscal, se lo pueden tumbar y echar hacia abajo. Y entonces sí, pues es un problema adicional en que nos vas a quedar un poco entrampado, se deshace lo que hiciste.		parte del problema. Ahora legalmente, legalmente las reglas están en la ley, ahí te dice qué si y qué no, cuando cómo donde y mientras tú esto no lo incumplas, pues es válido, lo puedes hacer. Olvidándonos de la parte moral, ética u otra que acabo de hablar hace un momento, hablemos de la parte legal, lo puedes hacer, sin embargo, qué está pasando, la gente ni siquiera sabe hacer una buena estrategia, ayer justamente me pasó que estuvo aquí una, una persona que quería que la apoyáramos con una demanda porque tenía la modalidad 40, la pago por 10 años, la modalidad		hacer, sin embargo, qué está pasando, la gente ni siquiera sabe hacer una buena estrategia, el 10 de diciembre del presente año acude una persona, para solicitar apoyo legal para presentar una demanda porque tenía la modalidad 40, la pago por 10 años, con un salario de $ 100.00 (cien pesos 00/100 M.N.), pide que la den de alta en una empresa por un mes y medio, para causar la baja en la Modalidad 40 y transcurrido ese tiempo se vuelve a dar de alta con un SBC topado y obviamente, cuando eso pasa, el sistema se lo permite, pero luego llega una revisión

SUJETOS ASPECTOS	S1	S2	S3	S4	ANÁLISIS
	Entonces hay que tomar mucho cuidado porque el instituto lo toma como un acto simulado que está dentro de los de tipificado como un delito fiscal que pudieran, denominar así dentro de las contribuciones de seguridad social y que es un acto simulado que se tipifica como un fraude, ¿verdad? Er: Y sobre todo cuando lo contratan que ha habido personas que empiezan a cotizar para un patrón después de que dejaron de cotizar 20,25 años. Eo: 10, 15 o 20 años Er: O a los 60 años		40, con un salario de 100 MXN, Se da de baja. Va y agarra un trabajo, un mes y medio y se vuelve a dar de alta con un topado y obviamente, cuando eso pasa, el sistema se lo permite, pero luego llega una revisión y dicen, a ver, a ver, a ver, a ver, porque no hay modificaciones de salario en l modalidad 40, La forma que hizo fue darme de baja para volver, entonces llegan y dice, hubo realmente relación de trabajo sí o no, y entonces, el tiempo que le llega la auditoría al señor, con independencia que le llegue la		a la empresa que la registro como su empleado en el IMSS por parte de las autoridades del IMSS, para comprobar si realmente hubo relación de trabajo durante el mes y medio que se dio de alta como trabajador en dicha empresa, derivado de la auditoria, se comprueba que no hubo relación patronal y le cancelan las cotizaciones al igual que el registro en la Modalidad 40. Con respecto a la ética, si durante todo tu historial como derechohabiente, cotizaste con salarios

	Eo: Son focos rojos precisamente es eso. son los focos rojos, donde dice haber dejó muchos años de cotizar este tiene 60 años, que es lo que está buscando una pensión. Bueno, vamos a comprobar si lo que le da el derecho es real, entonces si van a hacerlo meterse a trabaja con un patrón, con todas las de la ley, es decir, con todo el aspecto jurídico que realmente trabaje, que deje actividades y todo, porque de lo contrario, si va a ser una problemática. Er: Y si ha habido muchas personas que han contratado que lo han hecho a través de lo que usted está		auditoría al señor que lo dio de alta, dice, Oye, pero espérame, tú te diste de baja y entonces, al darte de baja, las reglas son claras y te das de baja pelas, no, o sea, tendrías que tener ahora para volverla a contratar, nos dice, los últimos 5 años cotizando en el régimen Obligatorio, ese es un régimen voluntario y entonces no se la otorgan y le tumban la modalidad, no, desde lo que había pagado posterior y le tumba el pedacito que con el señor demuestran que no hay una relación de trabajo, que estamos orillando a esto a lo que nos estamos orillando solos,		muy bajos, y al contratar la Modalidad 40, se contrata con el topo de las veinticinco UMAS, durante los últimos cinco años previos a tramitar la pensión, se incurre en un derecho no ganado.

SUJETOS ASPECTOS	S1	S2	S3	S4	ANÁLISIS
	comentando y al momento de que tramiten ya la pensión es cuando ya se la niegan. Eo: Se la niegan o hacen una visita, para comprobar que se pensionen o pasen a la 40, puede darse cualquiera de las 2 circunstancias Er: Exacto y le cancelan como usted comentaba, le cancelan todo lo que él aportó en la modalidad 40 Eo: Así es Er: Todas las 52 semanas previas que supuestamente. Eo: Deberá darle el derecho, así es si correcto,		es a meternos en problemas nosotros y a terceros lo mismo que cuando decimos Oye, no seas gacho darme de alta en tu empresa, oye, Fíjate, Cuando estamos simulando estamos en un alto riesgo y más hoy en día, derivado de lo que te acaba de platicar hace un momento de que no es viable económicamente, pues que están haciendo rascando, está por donde no para encontrar los elementos para desvirtuar que tienes relaciones de trabajo o para desvirtuar que la forma en la que lo estabas haciendo, Es		

			decir, no es cierto, no eres una relación de trabajo, no es cierto. No tenías derecho porque me engañaste, y entonces tumbarte todo eso para no darte una pensión, Entonces ahorita se volvió una batalla muy, muy complicada entre los que quieren pensionarse y el Instituto. Er: Si no, pues es obvio que el IMSS ya se está defendiendo, pero aun cuando están defendiéndose, también hay mucha corrupción dentro de. Eo: Quienes Te venden las semanas cotizadas no hay manera que te las venda a alguien que no sea dentro del instituto.		

SUJETOS ASPECTOS	S1	S2	S3	S4	ANÁLISIS
			Er: Sí. Eo: Esa es la verdad, se volvió por eso, yo hablaba de la primera palabra fuerte que comentaba, no se volvió un problema porque, ahora es al mejor postor, la mejor manera. Lo que no hemos entendido es que muchas veces para que a ti te den semanas cotizadas que tú compras tienes que ser consciente de que se las robaron a alguien más, para que tu puedas obtener una pensión, le quitaste la pensión a otra persona. Er: el derecho a otra persona.		

			Eo: Exacto, y la gente, eso o no lo conoce o a veces no lo alcanza a percibir, pero cuando se lo explica dice, ah, o sea, como no, no me las van a regalar, así las van a sacar de, no, se las quitaron a alguien y te las pusieron a ti, les cambiaron el nombre, digamos de las personas, a caray, pues, exacto, a ti no te gustaría que tu pagues una lana, hay quien, si le vale, pero hay mucha gente si se queda de no lo sabía. Er: pues no se concientizan, simplemente es como un mercado, te compro x semanas, pero nunca se meten al fondo de.		

SUJETOS ASPECTOS	S1	S2	S3	S4	ANÁLISIS
			Eo: es correcto y por eso ahorita traemos un problema muy serio con todo esto.		
3.- Sostenibilidad de las pensiones, por parte del Estado	Er: Que considera que el Estado implemente para que pueda cubrir el pago de las pensiones bajo la ley, ley del seguro social de 1973 y quebrantan otros importantes, Perdón sin quebrantar otros rubros importantes del gasto público porque pues, lo que es todavía nos hace falta muchos años para que salga la generación en transición, todo los que cotizaron antes 01 de julio de 1997.	Er: Que opina en relación con la sostenibilidad de las pensiones por parte del Estado. Eo: Lo agotamos, yo creo hace un ratito más, yo creo que no hay sostenibilidad, falta mucho, estamos hablando de tranquilamente nos faltan 80 años para seguir pagando pensiones, en función a la ley 73 y cuando la gente ha hecho el mal uso y te pongo un	Er: Si, y luego la otra sería con relación a la sostenibilidad de las pensiones por parte del Estado. Eo: Es lo que te acabo de comentar y lo estamos viviendo ahorita con la última reforma de la ley 97, incluso nosotros podemos dividir las etapas, pensionarias en el sistema pensionario en 3, básicamente debía de ser en cuatro pero nomas funcionó, que fue el SAR entonces ni la voy a	Er: Que comentario tiene con respecto a la sostenibilidad de las pensiones por parte del Estado. Eo: Pero también ahí hay que tomar en consideración que el número de personas que tienen acceso a esta ley del 73 no todas van a poder complementar los periodos para tener pensiones. Y que, de alguna manera, conforme vaya transcurriendo el tiempo, probablemente sea más los montos para	**Recurrencias** Faltan casi 80 años de permanencia del costo de pensiones de la LSS 1973, y aunado a esto algunos derechohabientes están haciendo mal uso de los beneficios que esta ley ofrece. **Diferencias:** Se tiene que tomar en consideración que el número de derechohabientes que les aplica la LSS 1973, no todas van a poder completar los requisitos de la ley para poder tener

	Eo: Todavía quien cotizo y su número le corresponde a la ley anterior 30 de junio del 1997, que corresponde a la ley del 73. Así es, bueno yo creo que de alguna manera precisamente tuvo oportunidad quienes estaban en la administración del gobierno ejecutivo y los legisladores vieron esa situación precisamente en hacer la nueva ley porque había unas series de contradicciones entre leyes de trabajo, ley de seguro, ley del ISR, etcétera. Entonces había una Ley de AFORE, de la Ley del sistema de ahorro para el retiro. Y entonces tomaron una mejor decisión de crear una nueva	ejemplo, yo tuve un cliente, qué siempre fue obrera, ganaba salarios mínimos, Por ahí tuvo la fortuna de tener que juntar un dinerito y poner una tlapalería. Y entonces la tlapalería la puso a nombre de uno de sus hijos Y después de años, de dejar de cotizar, puso nombre de uno de sus hijos y se dio de alta con el hijo con el salario mínimo, Un año, luego se dio de baja y fue y tramito su modalidad 40 para apegarse a la Modalidad 40 ley 73, Con 25 UMAS, así tope, El seguro social, bueno, ya pasó todo el trámite, hizo su trámite de jubilación y el seguro social se la negó, porque	mencionar porque es un fracaso, pero en 3 etapas grandes, Ley 73, ley 97 hasta el 2020 y ley 97 a partir del 2021 con esta nueva, porque se dieron, primero tendríamos que entender el contexto ley 73, mucha gente dice, pues es que ellos fueron los que no supieron hacer las cosas no, no, no, recordemos cómo era la sociedad en aquel tiempo, claro que funcionaba porque funcionaba, pues porque un montón de gente iba a aportar una canasta de donde todos se iban a mantener, porque eran un montón de hijos o un montón de trabajadores, no, que iban a mantener	erogar, tomando en cuenta la inflación y tomando en cuenta muchos otros aspectos, pero también va a ir disminuyendo la base de ese grupo de personas del régimen de transición cómo le llamamos. Er: Exacto, sí. Eo: Que van a tener acceso, Mira, yo he abordado este el costo fiscal de las pensiones en diferentes foros, incluso, fuera de México y la verdad es un boom por todos lados no es nada más la Ley del 73 sino, el ISSSTE, sino la PEMEX , todo, entonces, definitivamente, qué es lo que hay que hacer, Es muy difícil, sino se etiquetan en	derecho a una pensión, pero el Estado no nada más cubre las pensiones de la mencionada ley, también cubre las de PEMEX, ISSSTE, CFE, que al final de cuentas son más de 100 sistemas pensionarios a cargo del Estado, razón por la cual si representa un peligro de insostenibilidad pensionaria. Hasta la fecha se han cubierto los compromisos pensionarios, pero se tiene que implementar alguna estrategia, porque conforme transcurra el tiempo se va a ir incrementando el número de personas pensionadas. Una alternativa es que se etiquetan en

SUJETOS ASPECTOS	S1	S2	S3	S4	ANÁLISIS
	ley para que todo pueda embonando fuera un engrane y no hubiera problemas de tipo carácter legal, ¿por qué? se crearon las cuentas individuales, usted recordará que entre el 92 y 97 se iba a dejar en los bancos esta situación, pero no funcionó como tal por esas situaciones de contradicciones que había en artículos y conceptos. Entonces es por eso que nace la nueva ley con el objeto, pues, de bajar toda esta situación, precisamente en ese momento el Gobierno federal, toma la decisión del sistema de reparto	encontró la deficiencia, ¿trabajabas? simuladamente con el patrón, Además, es tu hijo. Este con un salario mínimo, te das de baja y vienes a pagar, Muchísimo la modalidad 40, muy alta para llevarte una pensión muy alta. ¿Entonces dices, esta persona trabaja 750 semanas cotizando con salarios mínimos? Y los últimos 5 años se Llega a lo más alto, eso es un abuso, por eso el seguro social le niega la pensión, Por eso. ¿Sabe qué hizo? No quiero decirte alguien en el seguro social se vendió. Y le permitieron la pensión,	a un par de viejitos, pero Empieza a transformarse nuestra sociedad y entonces es por lo que nace la ley 97, oye, ya no hay chamacos que vayan a mantener a los viejitos, hoy que hacemos, por qué, Porque la mujer entró a trabajar, entonces hay menos hijos, o sea, es todo un sistema social que nos arrastró, a que sí se tenía que hacer un cambio, Lo que si yo no estoy de acuerdo a la ley del 97, porque como se dio, no, porque cuando adoptamos el sistema, que es un sistema chileno, Chile ya había dicho que no funcionaba,	los rubros, eso es lo que yo puedo sugerir como alternativa, etiquetar partes del gasto público y definitivamente el Gobierno actual y probablemente los que vengan si no los ponemos listos, van a atender justamente a aplicar este límites que van a transgredir los derechos de personas que ya los generaron en su momento, en su tiempo y en su forma y que, por otro lado, esa etiqueta que se haga , más bien corrigiendo el punto anterior, considero yo que debe de hacerse una planeación muy estricta porque el Estado le está	los rubros, del gato público. Definitivamente se tendría que hacer una planeación muy estricta en cuanto a los recursos necesarios para cubrir ese rubro. Porque el Estado le está apostando a las pensiones, de asistencia social derivadas llámese Solidaridad, Jóvenes Construyendo el Futuro y demás, justamente como para calmar una situación así, pero está transgrediendo los derechos, que no debería de extrañar porque en el 2007 le transgredieron los derechos a los servidores públicos del

	de reparto con la nueva ley es diferente la del primero de julio es precisamente para garantizar una pensión a las nuevas generaciones, pues el Gobierno federal es hizo el compromiso del respaldo de garantizar una pensión por lo menos mínima, siempre y cuando cumplan los requisitos, como usted recordara al principio eran 1250 semanas, por decreto se bajó a 750, entonces, esta situación, que es lo que trae como consecuencia. Bueno, pues que se tiene que ajustar ahora a las cuentas individuales, se apostó al ahorro, cosa que desgraciadamente por los	Er: Eso se da, todos los días exacto Eo: Todos los días, entonces, si ves esos ejemplos en donde la gente que trabajó pocas semanas o ajusto sus 500 semanas a duras penas y luego tal vez se reactiva con un salario mínimo para recuperar sus semanas cotizadas y después se va a la modalidad 40 con El tope máximo. Pues entonces. ¿Como quieras, cómo vamos a mantener estas pensiones cuando son? totalmente irreales yo creo que deberían de cambiar muchas cosas de la ley, quizás no el tope, porque yo sí creo que hay gente que ha trabajado	porque adoptas algo que no funciona, Pero bueno, ese será en otro momento, pero si se necesita una cambio, pasa el cambio de ley 97, Empezamos, pero en realidad, las consecuencias, o digamos los primeros pensionados reales de la ley 97, iban a empezar en 2021. Y por eso, justamente en el 2020 se cambió la ley otra vez. No cambio del sistema sigue siendo 2, 97 y 73, pero cambian requisitos, cambian, ajustan, hacen un ajuste y hoy el ajuste, dicen ya no son 1250 semanas, sólo 750 para el 2021 y luego 800 hasta llegar a 1000, Por qué,	apostando a las pensiones, que digamos de asistencia social derivadas llámese solidaridad, jóvenes construyendo el futuro y demás, justamente como para calmar una situación así, pero está transgrediendo los derechos, que no nos debería de extrañar porque en el 2007 le transgredieron los derechos a los servidores públicos del ISSSTE y como vimos los amparos no prosperaron, no pasó absolutamente nada, desafortunadamente, también hay que llegar a la cuestión de que cuando el Estado no puede, pues ya no se puede, no, o sea, si no hay recursos que	ISSSTE y los amparos no prosperaron, no pasó absolutamente nada, desafortunadamente también hay que llegar a la cuestión de que el Estado implemente una disciplina fiscal, para con esto lograr incrementar la recaudación, una etiquetación de los ingresos destinados para cubrir ese rubro, poque mientras no se implementen estrategias adecuadas en las finanzas, se corre el riesgo de que las pensiones sean impagables. **Diferencia:** Con respecto a la LSS1997, se adoptó parte de un sistema chileno, no obstante que Chile ya había dicho que no

SUJETOS ASPECTOS	S1	S2	S3	S4	ANÁLISIS
	cambios de la administración ejecutiva de directores de funcionarios, pues se perdió la esencia del concepto real de esto. Pues sí, tenía muy clara la misión, de esto, para efectos de llegar a ese objetivo y ese propósito, pero incentivando el ahorro. Prueba de ello es que ahora. Después de muchos años que se dan cuenta de que, pues la gente que llegó muchas veces por falta de conocimiento, que es la mera verdad realmente y de visión y preparación, pues no se ven ni qué decisiones tomadas respecto se fueron dando sobre	mucho y que ha tenido buenos puestos y sueldos y que debería de seguir manteniendo Su sueldo, Su ingreso ¿no?, El nivel de vida que tenía antes. Pero creo que sí tendrían que revisar el tema de con cuánto estuviste cotizando con anterioridad por su historia Er: Por ejemplo, yo hablo estoy planteando un ejemplo, perdón algo similar que, si un trabajador durante toda su trayectoria laboral siempre tuvo sueldos altos, este porque es un ejecutivo que lo hubieran tenido registrado con él con	Porque hubo otro cambio social bien importante, nuestros millennials, etennials y todos los demás que vienen adelante que tenemos una problemática no quieren trabajar, no quiere permanecer en los empleos, no quieren estabilidad, no quieren ser trabajadores, quieren ser empresarios, entonces hoy quién diablos va a aportar, hoy cómo se va a sostener, dijeron en la torre, y el 2021 pasaron 2 cosas, la reforma de pensiones que fue disminuyó semanas reestructuro la pensión mínima garantizada y reestructuró cuotas, Pero	tendríamos que haber una, una gran disciplina fiscal, un incremento en la recaudación, una etiquetación de los ingresos del destino y el uso de los mismos, pero mientras no haya sí una, una, meticulosa, cuidado de esas finanzas, corremos el riesgo de que sea impagable. Er: Pues simplemente lo del comercio informal ahí tiene una puerta de recaudación de impuestos grande. Eo: Sí, pero son votantes, no se te olvide que, en este punto, ahorita lo que ellos ven es al	funcionaba. pero las consecuencias, empiezan en 2021 y justamente en el 2020 se cambió la ley otra vez no cambio del sistema sigue siendo la LSS 1997, pero cambian requisitos, se hace un ajuste y hoy el ajuste, dicen ya no son 1250 semanas, cotizadas para tener derecho a una pensión sólo serán 750 para el 2021 y luego 800 hasta llegar a 1000, porque hubo otro cambio social bien importante, nuestros millennials, cetennials y todos los demás que vienen adelante que se tiene una gran problemática no

	la marcha, entonces Ahorita aprueban y yo le decía, es que ya hay pensiones para los niños porque, o sea, afores, perdón, afores para los niños, porque para que incentivar el ahorro desde ahorita ¿Por qué? para la nueva ley las nuevas generaciones, pues tienen que generar primero a las 750 semanas y luego también tener una cantidad cierta su afore. Para que puedan garantizarle al Gobierno una pensión. Er: Sí, en este caso, es en base a sus cuentas individuales, y de sus propios ahorros. Eo: Así es	el salario topado, Pero sufre alguna Destinos y de personas que dependen de esto no, pero finalmente, no creo que haya fórmulas mágicas ni recetas de cocina, pero creo que, si se tiene que incrementar la base de contribuyentes y etiquetar ingresos, disminuir las ayudas tan simple y tan sencillo que existen en este momento. Y bueno, este, no descartemos estas iniciativas de que sólo cotizaste con salario mínimo no podrías pagar una modalidad 40 topada esto puede tener congruente, suena feo suena fuerte, suena desagradable, pero tiene congruencia	también nació el seguros de trabajadores independientes, que no se ha hablado mucho de este tema. Er: Si no, y eso está como una modalidad 40 porque ahí es topado a lo que lo registras con el sueldo que decidas, pero el SAT, o sea, tiene que estar declarando lo que tú le estás diciendo al IMSS, es como un sueldo. Eo: pero qué beneficios tiene hay una diferencia, no nada más es para pensión, es para atención médico quirúrgicas, farmacéutica, pensiones, incapacidades todo es todo, es como si el trabajador por que nació, por lo que te acabo de	votante y solo le aprietan el cinturón a los que ya están, a los que ya estamos activos. Er: Ahora si pues lo que ya estamos ya ni cómo salirnos en cambio los que no, es difícil que se registren como contribuyentes, puesto que nadie los obliga. Eo: No es atractivo porque no me oferta absolutamente nada, aquí hay que hacer cuestiones trascendentales desde el punto de vista de incrementar la base de contribuyentes. Resulta bastante increíble que solamente casi el 33% sea los que pagamos impuestos, y el resto	quieren trabajar, no permanecen en los empleos, no tienen estabilidad, no quieren ser trabajadores, quieren ser empresarios, entonces los siguientes años quien va a aportar, cómo se van a sostener ,los gastos derivado de esto en 2021 pasaron 2 cosas, la reforma de pensiones que disminuyó semanas cotizadas para tener derecho a la pensión, reestructuro la pensión mínima garantizada y reestructuró cuotas, pero también nació el Seguros de Trabajadores Independientes, que no se ha hablado mucho de este tema, pero si resulta de gran trascendencia,

SUJETOS ASPECTOS	S1	S2	S3	S4	ANÁLISIS
	Er: Pero aquí, como todos los que están en la ley, pertenecen a la ley de transición, pues todo ese gasto lo tiene que asumir el Estado. Eo: Bueno, en cierta forma si y no le voy a decir porque, porque hay una cantidad de lo que se va generando en la cuenta de RCV e INFONAVIT, verdad que es lo que se va a la AFORE esa parte es un dinero que es del trabajador también es una aportación que está ahí, en el sistema, de hecho, es lo que sirve para fondear la pensión del 73.	que te pensiones con lo que construiste en el tiempo, eso podría ser razonable, en muchos países ya se están haciendo este tipo de pensiones con un límite de salarios porque finalmente pues no hay de otra manera. enfermedad A los 55 años, Y ya, pues ya no puede, Desarrollar sus actividades al 100%. Sigue trabajando le bajan, los contratos, le bajan el sueldo y cotiza durante los últimos 5 años, a lo mejor con el mínimo porque realmente eso está ganando por ya su condición física. Entonces esta	comentar el tema social nos lleva a que ya no quieren trabajar y quien les va a dar seguridad social, que se la den ellos mismos, que se auto paguen su seguridad social y permitió una forma de afiliar en modalidad 10 porque es modalidad 10, Que es la de trabajadores, pero que yo lo haga por mi cuenta, si bien es cierto, tienes recovecos que son, demuestra el salario, demuestra que estas pagando ingresos ese es otro tema, pero le permitió por estos cambios ahora, es suficiente, no, no es suficiente, los	no paga absolutamente nada, pero bien se beneficia de ese 33% Er: Exacto. Eo: Entonces, este sí es un tema delicado, existe una inviabilidad de pago de pensiones a futuro esperemos que no ocurra porque pues obviamente que no deseo que ocurra, verdad Er: Exacto porque hay millones de mexicanos próximos a recibir una pensión. Eo: Destinos y de personas que dependen de esto no, pero finalmente, no creo	poque esta nueva Modalidad del IMSS, está dirigida a todas las personas físicas que realizan actividades por cuenta propia y esto ayuda a que no se dé la simulación patronal, y también para incrementar el número de derechohabientes en el IMSS.

	Er: Es parte del ahorro que los trabajadores realizaron. Eo: Exactamente exacto. No todo es del Gobierno, o sea, si el Gobierno contribuyó, participo, pero administra más que todo esa cuenta. Er: Pero mencionan que más o menos el gobierno aporta el 70% de las pensiones, que están en todos los rubros. Eo: Ya cuando el instituto, o sea, se determina que él va a pagar la pensión porque así lo decidió el asegurado, si efectivamente, se trasladan los fondos de la cuántas social, retiro, cesantía y edad se pasa al IMSS	persona se pensiona con el mínimo y Todo su historial laboral que cotizo con los salarios topados, Se van a la basura, o sea, no le cuentan. Eo: Por ejemplo, yo hablo estoy planteando un ejemplo, perdón algo similar que, si un trabajador durante toda su trayectoria laboral siempre tuvo sueldos altos, este porque es un ejecutivo que lo hubieran tenido registrado con él con el salario topado, Pero sufre alguna enfermedad A los 55 años, Y ya, pues ya no puede, Desarrollar sus actividades al 100%. Sigue trabajando le bajan, los contratos, le bajan el sueldo y cotiza	estudios dicen que se necesita, según los actuarios, un aproximado para este año de 2 millones, Digo perdón de 1,270,000 MXN, ahorrados en tu AFORE, para tener una mínima garantizada, sabes cuantas personas tienen eso, no hay manera. Er: una mínima garantizada. Eo: No hay manera. ¿Por qué? porque la gran mayoría gana 1.5 salarios mínimos, Claro que no van a tener 1,270,000 guardados en un AFORE, al final de sus años, entonces qué pasa, oye, pero entonces no les van a dar mínima garantizada, Sí, claro, pero quién las da el	que haya fórmulas mágicas ni recetas de cocina, pero creo que, si se tiene que incrementar la base de contribuyentes y etiquetar ingresos, disminuir las ayudas que existen en este momento. Y bueno, este, no descartemos estas iniciativas de que sólo cotizaste con salario mínimo no podrías pagar una modalidad 40 topada esto puede tener congruente, suena feo suena fuerte, suena desagradable, pero tiene congruencia que te pensiones con lo que construiste en el tiempo, eso podría ser razonable, en muchos países ya se están haciendo este tipo de pensiones	

SUJETOS ASPECTOS	S1	S2	S3	S4	ANÁLISIS
	porque es el que va a pagar la pensión de por vida, esa y la que se genere de viudez, pero es para garantizar, verdad, y lo otro que le devuelve con lo del SAR 92 y 97 viviendas. Eso sí, se lo devuelven al trabajador cuando salen ya el otorgamiento de la resolución de pensión así es. ¿Es correcto? Er: Sí, para que no se vaya a colapsar en un futuro, y que el Gobierno no pueda cubrir, esa obligación hacia los trabajadores. Eo: Así es, hay que ser equitativo	durante los últimos 5 años, a lo mejor con el mínimo porque realmente eso está ganando por ya su condición física. Entonces esta persona se pensiona con el mínimo y Todo su historial laboral que cotizo con los salarios topados, Se van a la basura, o sea, no le cuentan. Er: El salario promedio de toda tu trayectoria laboral. Eo: Claro, a lo mejor actualizado no con valores actualizados, Por qué en 1986, yo empecé a trabajar y el salario mínimo era de 52,000 pesos a la semana y yo ganaba	Estado, hoy tus ahorros no te alcanzan porque la mayoría traen 100 200 300 400,000 MXN en la AFORE, Qué vamos a hacer con los otros $ 800, mil que nos falta. Er: pues aquí sería una cuestión de incentivar el ahorro. Yo lo que esté me imaginaba pensaba era que fuera que el Estado hizo una forma de incentivar a la gente para el ahorro es que fuera como lo de las pensiones, las cómo se llama, no las pensiones, las jubilaciones, Que el patrón aporte una cantidad y tú aportas otra, entonces que el	con un límite de salarios porque finalmente pues no hay de otra manera. Er: Exacto, que podría ser determinar la pensión en base a un historial salarial de todo el tiempo que se cotizo en el IMSS. Eo: De los últimos 5 años, el problema es que la ley está así. Y obviamente eso sería, digamos, pues hay retroactividad de la ley, no, estas violentando un derecho que no te sea retroactiva la ley, pues, así las cosas.	

	hay casos que ya mucha gente que se pensionó con la ley del 73, hay algunos que ya fallecieron, pues ahí se extinguió la retención, si ya no hay gastos. Er: Exacto. Eo: Pero también hay unos que son los que están entrando y hay otros que estaban pagando la Modalidad 40 y se murieron. Er: Exacto, sí, pero muchos sí tienen beneficiarios. Y a veces los beneficiarios, están jóvenes. Eo: Pero este cuando no le asiste el derecho a una pensión por orfandad por ascendencia para papá o por viudez, entonces lo único	más 30,000 pesos a la semana, Claro que sí Promedias sobre eso, o sea este, pero sí tenía que ver como la actualización de los valores de ese tiempo y luego ya después los promedias y entonces, que la gente tenga algo congruente, porque si tú le das por los últimos 5 años, pues son 25 UMAS, pues entonces le doy sus 25 UMAS, y todo lo demás, que sí trabajo, que no trabajo, que tuvo el salario mínimo o un salario y medio.	estado dijera, Sabes que si tu durante tu historial, este de cotizar en el IMSS, Ahorraste, hiciste aportaciones de 500,000 MXN. Yo aporto otros 500 adicionales a lo que el patrón está portando o sea eso podría ser. Eo: sin embargo, no será de esa manera y ahorita lo que están haciendo es que a quién le subieron la carga social fue al patrón, solo al patrón, Cuando tenemos que hacer conscientes a los trabajadores, que el ahorro también tiene que venir de ellos, Pero es un tema y no me quiero meter mucho ahí este porque esto es un tema académico, pero		

SUJETOS ASPECTOS	S1	S2	S3	S4	ANÁLISIS
	que puede sacar sus recursos es historia. Lo único que no tiene el Gobierno ya no tendría la obligación de pagar una pensión o solamente en estos casos que, si procede viudez para concubinas, Así lo establece o esposa para hijos, orfandad y para padres, siempre y cuando éstos vivan y dependían de él, como pensión por ascendencia. Los costos de la modalidad 40 se van a ir ajustando gradualmente subir su importe, verdad, en relación con el salario, esto inicia a partir del 1 de enero de 2023.		es un tema que mi único comentario va a ser, no queremos pagar el costo social y el costo político que implica eso. Porque si yo le aumento a los trabajadores, me los he hecho encima y no quiero eso, yo quiero votar es un problema, sí, es un problema, porque por no, por cuidar un aspecto político estas descuidando el aspecto social en donde el día de mañana vamos a hacer un pueblo de viejos pobres, Siempre ha sido mi frase en esta ley del 97, Un pueblo de viejos pobres que a lo que vamos		

<table>
<tr>
<td></td>
<td>Er: Que ahí pues hasta cierta forma va a haber una mayor recaudación por parte del IMSS, para fondear las pensiones de los que ya se pensionaron y de los futuros.</td>
<td></td>
<td>a estar, o sea, tu aspiración mayor va a ser una mínima garantizada no más, y una mínima garantizada esta entre 2,000 y 8,000 pesos, imagínate.

Er: Si no es que no y quién va a vivir con esa cantidad, Es como ahorita alguien que tiene al de los pensionados que tienen la mínima garantizada, tienen que seguir trabajando, ver los señores de 80 a 85 mientras la salud le permita siguen trabajando.

Eo: y así vamos a estar viendo cada vez más gente. Gente de edades adultas que ya no les van a dar trabajo, Y que están de paquetería</td>
<td></td>
<td></td>
</tr>
</table>

SUJETOS ASPECTOS	S1	S2	S3	S4	ANÁLISIS
			a una propina a una limosna, Eso es, desgraciadamente, lo que nos espera si no nos atrevemos a cambiar no.		
4.- Estrategias de los derechohabientes para poder contratar la Modalidad 40	Y otra cosa, he escuchado yo de algunos despachos, que están promoviéndole al IMSS, demandas para reclamar semanas cotizadas en los periodos cuando el IMSS, no tenía computarizados los expedientes y estos eran en papel, Entonces le están dejando a que el IMSS compruebe que realmente las personas no tuvieron relación patronal durante el 78 al 90, por decirlo así.	Er: Y otra sería las estrategias de los derechohabientes para poder contratar la modalidad 40, o sea que tipo de estrategia se están utilizando. Eo: Las estrategias que están utilizando son como los que te mencionaba de esta señora, buscar patrones ficticios. Este con el amigo que tiene una empresa, dando lo dan de alta con los salarios mínimos y después	Er: Sí, y, por último, que opina de las estrategias de los derechohabientes para poder contratar la modalidad 40. Eo: Fíjate que el tema de las estrategias yo lo decía, lo han hecho mal porque, no entienden la diferencia en o no entienden más bien cómo conjugar una buena estrategia se tienen que analizar muchos aspectos, cuáles,	Er: Luego la otra que comentarios haría con relación a la publicidad que se da por parte de los despachos, con relación al monto que los trabajadores van a obtener una pensión de entre 80,90,60 los de la modalidad 40 que hagan una estrategia previa a su pensión. Eo: bueno, mira el monto de la pensión, la va a definir en el total de semanas	**Concurrencias:** El monto de la pensión que se quiera obtener depende mucho del total de semanas cotizadas y, obviamente, en la expectativa, de las proyecciones de pensiones, la gran mayoría vienen con la idea de esto cuando ya sabe lo que hay que invertir en el pago de la Modalidad 40, y sin atención médica únicamente cubre el robro de pensiones.

	Eo: Sí, mire, déjeme le comento a partir de 1982 empezó a ver las primeras computadoras y entonces se recibió este, pues se recibió en el seguro social y empezó a tener una base de datos porque antes se usaba microfichas, se usaban unos listados que producía el sistema, etcétera. Pero no había nada de computadoras totalmente, es en el 82 cuando Empieza a ver los avisos, este qué se recepción antes ya de manera electrónica, antes eran los disquetes aquellos de 31/4 de verdad este y cositas así. Entonces, empieza a haber la información que se	recupera sus semanas cotizadas con estrategias mal hechas, porque no hay un contrato de prestación de servicios, no hay nóminas, O, si las hay, no hay el pago y el seguro social en una revisión si te puede llegar a romper eso. Er: Sí, pero como lo que comentábamos, desgraciadamente llegan a acuerdos con los auditores del IMSS, por medio de algún recurso. Eo: Así es y ya nadie dijo nada ¿no? Er: exacto y terminan autorizándole su pensión. Eo: Es correcto, Sí, entonces. Creo que no hay muchas	conservación de derechos, reconocimiento de semanas, Modalidad Voluntarias u obligatorias para regresar a cotización. forma de salario o tipo de salario, porque, hay mucha gente que dice, tu date de baja, los últimos 5 años, apuéstale por el topado, porque, esa no es una buena estrategia, te dan más dinero tener más semanas cotizadas con menos ingreso, qué pocas semanas con mucho ingreso, pero la gente eso no lo ve, son mitos, un montón de mitos que andan en la calle, mi compadre hizo esto, yo también, no señor, usted no tiene las mismas	cotizadas y, obviamente, en la expectativa, yo que me dedico a hacer proyecciones de pensiones, todos vienen con la idea de esto cuando ya sabe lo que hay que invertir porque hay que invertirlo independientemente de lo que gastas en general y sin atención médica y sin nada. Suena así, yo lo más alto que calculado una pensión es a los $70,000 pesos, No he, no he encontrado porque estás hablando, hay una combinación del número de semanas cotizadas con los salarios, pero conforme se va incrementando hasta cierto punto el número de	La pensión más alta que en el despacho se ha tramitado fue de $70,000 (setenta mil pesos 00/100 MN:). Esto se da con combinaciones de 1.- número de semanas cotizadas con 2.- los salarios, pero conforme se va incrementando hasta cierto punto el número de semanas, ya es muy mínima la parte que llega a aumentar, pero sí que tuviera más de 2000 semanas, la pensión puede llegar al 90% del SBC. **Diferencias:** Las estrategias que están utilizando son de acuerdo al siguiente ejemplo: Una señora, busca un patrón ficticio

SUJETOS ASPECTOS	S1	S2	S3	S4	ANÁLISIS
	empieza a entregar electrónica, A electrónicamente. A partir de ahí para acá, el Instituto tiene registrada todos sus avisos afiliatorios, basados en el aviso original que se recibió en su momento debiera de tenerlos, pero nos encontramos en ocasiones que no los hay, Er: No los hay que era la mentada hojita rosa que le correspondía el trabajador y la verde al patrón Eo: Así es, entonces el instituto partir del 82. Esta captura todo esto y dice al trabajador que se crea con Derecho, a más	estrategias y bueno, la otra es comprar semanas en el seguro social. Que yo no sé si las siguen vendiendo yo en algún momento dado supe que las vendían, nunca supe quien ni donde, Que puede darse el caso, pero la verdad a mí en la en la práctica no me ha tocado ver ninguna hasta ese monto, el máximo número de semanas que yo he visto han sido 1800, 2000, máximo 2000. Er: Bueno, pues muchas gracias.	condiciones que su compadre. Hay que analizar caso por caso y que te conviene, y si, tal vez una modalidad 40, pero no necesariamente con el topado, No necesariamente 5 años, No necesariamente tienes que regresar un año con el patrón a trabaja, Porque si resulta que tú tenías entre 3 y cuatro años que te dieron de baja, pues lo que necesitas nada más, son 26 semanas para regresar a trabajar, no un año. O a lo mejor estabas en conservación de derechos y podías haberlo contratado sin necesidad de	semanas, ya es muy mínima la parte que llega a aumentar, yo no he visto esto, de verdad no me ha tocado ver, tendría que ser una persona que tuviera más de 2000 semanas Er: Si, como 2,240 semanas más o menos 43 años cotizando quiere decir que empezó a cotizar a los 16 años que puede llegarse el caso. Eo: Que puede darse el caso, pero la verdad a mí en la en la práctica no me ha tocado ver ninguna hasta ese monto, el máximo número de semanas que yo he	puede ser un amigo que tiene una empresa, donde la dan de alta con los salarios mínimos y después que recupera sus semanas cotizadas con estrategias mal hechas, porque no hay un contrato de prestación de servicios, no hay nóminas, o si la hay, no existe la evidencia del pago de su sueldo, si el IMSS le realiza una auditoria a la empresa que dio de alta a la señora y si esta no demuestra la relación patronal, le niegan la pensión y se rompe toda la estrategia realizada.

	semanas. Es decir, que haya cotizado 81,80,79 hacia atrás, pues éste tiene que presentar los avisos afiliatorios Físicamente para respaldar su situación y el Instituto, a través de sus sistemas y controles, pues verificará este o certificará en los movimientos, afiliatorios verdad que se reunieron en su momento y entonces, en este caso, cuando usted quiera hacer una aclaración o reclamación de semana, pues le van a pedir, la prueba cuál es la carga de la prueba, pues los avisos, y si no los tiene Aunque haya trabajado, tienes que buscar algún mecanismo para		darte de alta porque en los últimos 5 años, si cotizaste no necesitaba ni siquiera regresar a trabajar, hacer un fraude con un patrón, con una serie de cosas, el desconocimiento de las leyes y el que hay tantos gestores afuera, perdón, pero de verdad, pésimos gestores, gente que no conoce de ley, sino que conoce de trámites en el IMSS tiene alguien adentro y que ni los de adentro, perdón también, pero no del IMSS tampoco son los mejores asesores del mundo, en donde no tienen un conocimiento real de la ley y acaban haciendo cosas que desgraciadamente	visto han sido 1800, 2000, máximo 2000. Er: Muy bien. Eo: Entonces no creo la verdad, Porque muchas, incluso cuando ya se dan cuenta hacen sus trámites de pensiones, pero no se dan cuenta que hay períodos grandísimos de patrones que no aparecen. Entonces hay que solicitar la búsqueda y esa búsqueda es tardísima en el instituto, entonces, porque es búsqueda manual de los años 80 para acá la búsqueda es manual y entonces tarda demasiado y por lo tanto esta difícil.	

SUJETOS ASPECTOS	S1	S2	S3	S4	ANÁLISIS
	poder este acreditarlo. Desgraciadamente, el seguro se encierra a que los avisos son los que los que pueden terminar si el trabajador cotizó una un día, una semana, un mes o un poco más y entonces o un año o más. Entonces para eso te pide las altas, las bajas, las modificaciones de salario, para corroborar este con sus controles que tienen internos en el sistema del IMSS, con sus sistemas, poder verificar este esos movimientos certificarlos y reconocerle las semanas. Er: Exacto. Pero ahora esos juicios que		en estos aspectos no hay manera de que lo puedan resarcir. Porque tú no puedes comprar en el tiempo hacia atrás, no hay dinero que te pueda comprar el tiempo hacia atrás, porque hay gente que dice ok, ya la regué acá y ahora que hago, no pues tiene 70 años, ahora que haces, cuanto más tiempo piensas vivir, para ver cómo lo cómo corregimos, no podemos corregir el pasado y las decisiones que tomamos en el pasado sin asesoramiento cuando te llega la edad adulta, ya no puedes hacer mucho, ahorita		

	están promoviéndole dejan la carga al IMSS, que el IMSS compruebe que realmente no estuvo trabajando en el periodo que le están demandando. Entonces, si el IMSS no, ahora si el IMSS no tiene la documentación, entonces ahí es que se supone que los juicios los están dando favorables al asegurado y ahí se le incrementan las semanas y pues este, este tiene una pensión mayor a la que le corresponde, Eo: En el sentido de tomar en cuenta el número de incrementos, porque por cada 52 semanas es un incremento en cálculo en el proceso de cálculo con la		el caso que le que te platicaba hace rato, la persona me decía, y, pues pide la devolución del pago de lo indebido, pues es que yo no quiero el dinero, quiero mi pensión, lo sé pero no puedes hacer otra cosa, ya no, o vuelve a darte de alta, o sea, pero te estoy hablando de una estrategia ahora de hoy a otros 5 o 6 años y la persona ya tiene 64, no, entonces dice, pues no, me explico. Er: Sí, porque hay quien le garantiza que va a recibir una pensión de 90 mil pesos mensuales. Eo: y todo esto porque se ha dado, por la pésima información que hay y quien		

SUJETOS ASPECTOS	S1	S2	S3	S4	ANÁLISIS
	ley de 73, sí, le beneficiaría definitivamente también. Realizando así.		debería de asesorar de manera adecuada es el Estado, Y es el primero, que una o no dice nada, o dice las cosas que le conviene pero que no son las correctas, a mí me ha pasado, tengo una cuenta de Tiktok, Subí un vídeo que en su momento se hizo muy viral, o sea, muy viral de millones de visitas, para atacarme, porque yo lo que les decía era cuidado, si tienes 60 años y tú te das de baja de manera voluntaria para hacer una estrategia no te van a dar tu pensión, porque las pensiones a los 60 años siempre y		

			cuando te quedes sin empleo de manera involuntaria, o sea, que te despidan no una renuncia, hacen comentarios que mi padre Benito acaba de tramitarla y no paso nada, si se la autorizaron, mucha gente yo trabajo en el IMSS y lo que estás diciendo es una mentira, eres una mentirosa, yo decía, así es en todos los casos que yo tengo, no significa que al 100% le esté pasando. Pero a un alto porcentaje, sí. Quieres jugártela, que tú seas el del porcentaje, porque por ley no te la van a dar, por ley, que el propio IMSS no sepa ni cómo funciona sus pensiones es otro		

SUJETOS ASPECTOS	S1	S2	S3	S4	ANÁLISIS
			tema. Pero las pocas veces, o las pocas subdelegaciones que sí saben cómo funciona esto, es una estrategia para no otorgártela, después de que se hizo viral y que me tiraron hasta con la cazuela, cosa que me da igual y un montón de cosas. Digo, porque tengo muchos amigos en el IMSS y de repente empezaron a decir, Oye, ya vimos como que tienes razón, como que parece que, si sabe no, dicen, no sabía y tengo 20 años trabajando en el IMSS. No sabía y nosotros asesoramos algo diferente. Exacto, ese es el		

			problema. Las problemáticas en las que yo me enfrento aquí con mis clientes son porque no sabían, y ya no se pueden resarcir, y casi todo se da para contratar modalidad 40 y entonces sí es una solución. Es una estrategia, es válida totalmente, pero hay que saber cuánto hay que saber hasta dónde mucho llamar la atención es, oye, venías con un salario de 100 pesos y de repente te hacen 2000 vas a llamar la atención, Yo mis clientes lo primero que les pregunto cuando me dicen una estrategia de pensión va, ¿Cuánto ganabas? ¿Hasta ahorita, cuánto ganas?		

SUJETOS ASPECTOS	S1	S2	S3	S4	ANÁLISIS
			¿Cuál es tu expectativa de pensión y con cuánto vives? Para que se concienticen oye, yo venía ganando 15,000 MXN mensuales vivo con 15000 o 20000 MXN mensuales y quieres 50. Y está bien soñar y está bien que todos tengamos ambiciones. Pero justamente por dar estos brincos, Es por lo que te das cuenta de que llamas la atención y empiezas a caer en defraudaciones. Si fuéramos más congruentes, oye, qué mejor, si yo me pensiono, recibiendo lo que hoy tengo, qué es con lo que vivo, sin trabajar, no,		

			bueno, maravilla, yo llamé, decirte lo peor que le puede pasar a una seguralista que soy yo, es que puedo hacer estrategias para todo el mundo, pero yo soy de la ley 97. Imagínate entonces es lo que les digo, ojo a mi si me dijeran tienes la oportunidad, no del 100 Vas a recibir el 80% de lo que venía recibiendo. ¿Dónde firmo ahorita dije, Sabes cuánto vamos a recibir los del 97? Entre un 15 y un 20% de todo tu ingreso laboral, o sea que nos toca ahorrar porque si me quedo que el Estado me mantenga o a que una pensión mínima garantizada me mantenga, pues		

SUJETOS ASPECTOS	S1	S2	S3	S4	ANÁLISIS
			no ahorrar, hacer una estrategia de un negocio autosustentable, que me mantenga, pues ya si quieres compra vivienda para vivir de tus rentas, pero tengo que buscar como lo voy a hacer y los que tienen ley 73, con un montón de oportunidades y las desperdician por avaricia o las desperdician por desconocimiento Er: Exacto, sí.		

ANEXO 4. CUESTIONARIO A INDIVIDUOS QUE SE DEDICAN A LA PRESTACIÓN DE SERVICIOS INDEPENDIENTES

El presente instrumento forma parte de la investigación sobre la contratación de la Modalidad 40, Continuación Voluntaria en el Régimen Obligatorio de la LSS 1997, como alternativa para seguir cotizando en el IMSS, para cuando tengan 60 años o más, cumplan con los requisitos señalados en la Ley de Seguridad Social, para poder tramitar su pensión.

Se Agradece la información que proporciona, enfatizando su carácter de estrictamente confidencial

I. Conteste de manera amplia las siguientes preguntas

1.- ¿Qué le motivo a independizarte profesionalmente?

2.- Una vez que tomó la decisión de independizarse, ¿Cuál opción de Modalidad que ofrece la Ley del Seguro Social, o particulares, decidió para asegurar tu retiro?

3.- ¿Cuánto tiempo transcurrido a su independencia profesional, tomó la decisión para seguir conservando el derecho ganado con relación al tiempo que estuvo cotizando en el IMSS, como empleado?

4.- ¿A los cuantos años considera retirarse de su actividad profesional?

5.- ¿Cuál es el principal motivo para tomar dicha decisión?

6.- Una vez tomada la decisión del retiro de su actividad profesional, y si contrato un plan de retiro para tener derecho a una pensión, otorgada por el IMSS o por empresa particular. ¿Cuál sería el importe que considera necesario recibir, para cubrir sus necesidades económicas?

7.- ¿Cuál es su percepción con relación a que una vez pensionado el IMSS, cumpla con la obligación de cubrir el pago de su pensión, durante todo el tiempo que permanezca el beneficio?

ANEXO 5. CUADRO DE ANÁLISIS DE CUESTIONARIOS

1.- ¿QUÉ LE MOTIVO A INDEPENDIZARTE PROFESIONALMENTE?	
S1	La libertad que ofrece en el horario
S2	El poder Crecer profesionalmente, así como económico.
S3	Desarrollo Profesional
S4	Mejorar económicamente, tener otros objetivos, otras metas
S5	La ambición de crecer económica y profesionalmente, estar en un espacio donde me sienta valorada y pueda seguir aprendiendo. Además de la lucha contra las injusticias e ilegalidades que se presentaban en mi trabajo anterior.
S6	Porque es organizar mejor mis tiempos y me obliga a prepararme más ante los clientes. Puedo diseñar mis horarios para disfrutar a familia y amigos
S7	La posibilidad de obtener más ingresos de los que me puede proporcionar trabajar para una empresa en un empleo fijo, ya que trabajar en una con un sueldo que sería mes con mes el mismo monto, difícilmente me daría la posibilidad de aumentar y de a obtener más ingresos.
S8	La independencia de horarios de trabajo, así como también los ingresos económicos
S9	La crianza de los hijos.
S10	Después de trabajar unos años como empleada de una empresa, me di cuenta que lo mejor era tener mi propio despacho y generar mi propia fuente de ingresos y no depender de un tercero para tener trabajo
S11	Poder disponer de mi tiempo
ANÁLISIS	**Concurrencias:** Disponibilidad de tiempo, incremento en los ingresos y el desarrollo profesional. **Diferencias:** La crianza de los hijos.
2.-UNA VEZ QUE TOMÓ LA DECISIÓN DE INDEPENDIZARSE, ¿CUÁL OPCIÓN DE MODALIDAD QUE OFRECE LA LEY DEL SEGURO SOCIAL, O PARTICULARES, DECIDIÓ PARA ASEGURAR TU RETIRO?	
S1	Ninguna, sigo cotizando en el régimen obligatorio por convenio con otro profesional
S2	Modalidad 40
S3	Por el Régimen Obligatorio

S4	Continué en el régimen obligatorio
S5	Por ahora no tengo ninguno, a principios de este año estuve buscando en particulares, pero por inestabilidad económica decidí esperarme. Uno de mis objetivos para el siguiente año es poder encontrar la mejor opción para asegurarme.
S6	Tengo la posibilidad de entrar en la Modalidad 40, que realmente me otorga más beneficios en este momento, por las semanas cotizadas tengo la posibilidad de entrar en este esquema que financieramente en muy aceptable
S7	No conozco por numero la modalidad en la que me inscribí, pero decidí pedir un favor a un amigo empresario para que me inscribiera en su empresa pagando yo las cuotas que se generaran por dicho favor. Con esta decisión ganaría las semanas necesarias para luego inscribirme por mi cuenta en la modalidad 40.
S8	Contrate un seguro de vida y seguro de gastos médicos
S9	En un principio ninguna, al llegar a los 50 años inicié con la modalidad 40.
S10	Decidí registrarme en el IMSS con el seguro voluntario de patrón, modalidad 35, actualmente cambié a la modalidad 10, además desde hace algunos años tengo un par de seguros de vida dotales a 15 años, que me permiten ir ahorrando para recibir las cantidades posterior a los 60 años
S11	Modalidad 40
ANÁLISIS	**Concurrencias:** Se registro en el régimen obligatorio. Contrato la Modalidad 40. **Diferencias:** Contrato un seguro de vida y seguro de gastos médicos...
3.- ¿CUÁNTO TIEMPO TRANSCURRIDO A SU INDEPENDENCIA PROFESIONAL, TOMÓ LA DECISIÓN PARA SEGUIR CONSERVANDO EL DERECHO GANADO CON RELACIÓN AL TIEMPO QUE ESTUVO COTIZANDO EN EL IMSS, COMO EMPLEADO?	
S1	Inmediatamente
S2	De inmediato
S3	Nomás de 1 año
S4	De inmediato
S5	Apenas cumplí un año siendo independiente y ya estoy en proceso de ver este tema.
S6	Como diez años

S7	Aproximadamente doce años como empleado, luego un año de modalidad 40 para retirarme.
S8	Trascurrido un año
S9	20 años
S10	Más o menos unos 3 años
S11	10 años después aproximadamente
ANÁLISIS	**Concurrencia:** De inmediato. Transcurridos 10 años. **Diferencias:** 20 años
	4.- ¿A LOS CUANTOS AÑOS CONSIDERA RETIRARSE DE SU ACTIVIDAD PROFESIONAL?
S1	Aún no lo sé.
S2	A los 60 con 6 meses
S3	Por el momento No lo he considerado
S4	A los 65
S5	Quizá entre los 60 años
S6	A LOS 63
S7	A los 65 años
S8	A los 60 años
S9	A los 65 años
S10	Mis planes de retiro del trabajo del despacho es a partir de los 62 años
S11	A los 65 años
ANÁLISIS	**Concurrencias:** A los 60 años. A los 65 años. **Diferencias:** Por el momento no se tiene considerado los planes de retiro del despacho, esto sería a partir de los 62 años

	5.- ¿CUÁL ES EL PRINCIPAL MOTIVO PARA TOMAR DICHA DECISIÓN?
S1	
S2	El poder disfrutar del tiempo para mi persona y hacer cosas diferentes a mi actividad.
S3	La capacidad Motriz
S4	Por salud, por tener una mejor calidad de vida.
S5	Mi idea es que en algún momento pueda tener mi empresa consolidada y que funcione por si sola, nunca quiero dejar de aprender ni de trabajar, pero lo que sí creo que es importante en mi vida es generar espacios de descanso y disfrute y no tengo que esperar hasta que me jubile para esto, así que no hay presión por querer dejar de trabajar si mi cuerpo me lo sigue permitiendo.
S6	Tener la solvencia económica para seguir con mi esquema de vida y así Convivir con familia, amigos, Hacer viajes, disfrutar mi casa mucho más.
S7	El hecho de que tramitaré dos pensiones; Una del IMSS y otra de una universidad pública.
S8	Descansar, viajar, tener tiempo para hacer otras cosas
S9	Dedicarme a otras cosas.
S10	Espero a esa edad ya tener resuelta mi pensión y poder dedicarme exclusivamente a la docencia, investigación y escribir
S11	Disfrutar a mi familia, descansar, viajar, etc.
ANÁLISIS	**Concurrencias:** Disfrutar a la familia, descansar, viajar **Diferencias:** La idea es que en algún momento pueda tener una empresa consolidada y que funcione por si sola, seguir adquiriendo conocimientos para continuar trabajando en diferentes actividades. Es importante generar espacios de descanso y disfrute y no se tiene que esperar hasta que se jubilen para esto, así que no hay presión por querer dejar de trabajar si mi cuerpo me lo sigue permitiendo.

6.- UNA VEZ TOMADA LA DECISIÓN DEL RETIRO DE SU ACTIVIDAD PROFESIONAL, Y SI CONTRATO UN PLAN DE RETIRO PARA TENER DERECHO A UNA PENSIÓN, OTORGADA POR EL IMSS O POR EMPRESA PARTICULAR. ¿CUÁL SERÍA EL IMPORTE QUE CONSIDERA NECESARIO RECIBIR, PARA CUBRIR SUS NECESIDADES ECONÓMICAS?	
S1	50 mil mensuales
S2	$ 40,000.00
S3	Seria entre 20 y 30 mil pesos
S4	$ 60,000.00
S5	La verdad desconozco totalmente cómo funciona, pero lo que sí creo es que debe abarcar como mínimo todos los gastos fijos.
S6	En este momento de $20,000 a $28,000 mensual
S7	$20 000. (Veinte mil pesos)
S8	$ 40,000.00 mensuales
S9	Superior a $25,000.00 mensuales
S10	Por lo menos $ 40,000.00 mensuales
S11	35,000 mensuales mínimos
ANÁLISIS	**Concurrencias:** $ 40,000.00, mensuales. **Diferencias:** $ 60,000.00, mensuales

7.- ¿CUÁL ES SU PERCEPCIÓN CON RELACIÓN A QUE UNA VEZ PENSIONADO, EL IMSS, CUMPLA CON LA OBLIGACIÓN DE CUBRIR EL PAGO DE SU PENSIÓN, DURANTE TODO EL TIEMPO QUE PERMANEZCA EL BENEFICIO?	
S1	No entiendo la pregunta
S2	Siento que hay mucha incertidumbre, esperemos que yo esté equivocada.
S3	Que espero retirarme con una buena percepción siempre y cuando respeten la ley del 73 y No del 92. Y que no cambien los derechos de seguridad social ni para mí y mi concubina, lo comento porque ya entro otra nueva reforma en el IMSS para este 2023
S4	Ninguna
S5	Creo que todos somos merecedores y si realmente fueron tantos años de esfuerzo, trabajo y dinero invertido, claro que es totalmente aceptable este beneficio.

S6	Creo entender que cuanto estoy ganando para que cuando se otorgue la pensión llegue a lo proyectado ¿? Seria en este momento de $30,000 a $36,000 aproximadamente por mes.
S7	Mi percepción es que el IMSS no desaparecerá los pagos de la pensión, o sea, que tendrá siempre solvencia y seguirá pagándolas por el resto que me queda de vida.
S8	Como está el país tengo mucha desconfianza de que una vez pensionada en algún momento se deje de cubrir mi pensión.
S9	Es de incertidumbre, considero que el gobierno puede hacer adecuaciones porque el costo por mantener las pensiones es muy elevado, sin embargo, también pienso que sería un capital político muy alto por lo que las diferentes administraciones irán pasándose la responsabilidad de esa decisión. Por otro lado, en los próximos 10 años aproximadamente se van a dar las últimas pensiones con la ley 97 por lo que está por llegar al tope máximo esa carga en las finanzas públicas tan costosa
S10	He planeado mi retiro para tener al menos una pensión de la cantidad deseada, pero me da incertidumbre que el gobierno pueda cumplir con el pago de la misma durante los años que me queden de vida He planeado mi retiro para tener al menos una pensión de la cantidad deseada, pero me da incertidumbre que el gobierno pueda cumplir con el pago de la misma durante los años que me queden de vida
S11	Al paso que van los números del IMSS, a veces pienso que no cumplirá con el pago de mi pensión.
ANÁLISIS	**Concurrencias:** Genera incertidumbre por parte de los derechohabientes del IMSS, de que en cierto tiempo no se tendrán los recursos para cubrir las pensiones. **Diferencias** La percepción que se tienen en relación al IMSS, es que no desaparecerá que los pagos de las pensiones siempre estarán cubiertos que se tendrá la solvencia y seguirá pagándolas.

Abreviaturas

CFE	Comisión Federal de Electricidad
CFF	Código Fiscal de la Federación
CISS	Conferencia Interamericana de Seguridad Social
CNDH	Comisión Nacional de los Derechos Humanos
CONAPO	Consejo Nacional de Población
COVORO	Continuación voluntaria del Régimen Obligatorio
CPEUM	Constitución Política de los Estados Unidos Mexicanos
DOF	Diario Oficial de la Federación
DUDH	Declaración Universal de los Derechos Humanos
GA	Generación Afores
GT	Generación en Transición
IMSS	Instituto Mexicano del Seguro Social
INFONAVIT	Instituto de Fondo Nacional de la Vivienda de los Trabajadores
IVCM	Invalidez, Vejez Cesantía en Edad Avanzada y Muerte
LFT	Ley Federal del Trabajo
LISR	Ley del Impuesto Sobre la Renta
LSS 1973	Ley del Seguro Social 1973
LSS 1997	Ley del Seguro Social 1995-1997
OCDE	Organización para la Cooperación y Desarrollo Económico

OIT	Organización Internacional del Trabajo
ONU	Organización de las Naciones Unidas
OMS	Organización Mundial de Salud
PIB	Producto Interno Bruto
PIDESC	Pacto Internacional de Derechos Económicos, Sociales y Culturales
RACERF	Reglamento de la Ley del Seguro Social en Materia de Afiliación, Clasificación de Empresas, Recaudación y Fiscalización
SBC	Salario Base de Cotización
SEM	Seguro de Enfermedades y Maternidad
SGPS	Seguro de Guarderías y Prestaciones Sociales
SIV	Seguro de Invalidez y Vida
SMGDF	Salario Mínimo General del Distrito Federal
SRCV	Seguro de Retiro, Cesantía en Edad Avanzada y Vejez
SRT	Seguro de Riesgos de Trabajo
SS	Seguridad Social
UMA	Unidad de Medida y Actualización

Referencias

Carmona, D. (2022) Selección de textos y documentos. https://www.memoriapoliticademexico.org/Textos/6Revolucion/1921%20PL-SOAB.html

Centro de Investigación Económica y Presupuestaria–CIEP. (2017) Pensiones en México 100 años de Desigualdad. México. Pensiones-en-Mexico-100-Anos-de-Desigualdad.pdf

Chu, M. (2016). Finanzas para no financieros, quinta edición. Universidad Peruana de Ciencias S A C.

Colmenares, V. P. (2012). Pensiones en México la Próxima Crisis. 2da. Ed. Siglo XXI Editores S. A. de C. V.

Comisión Nacional de Derechos Humanos (s.f.). Se promulga la Ley de Seguridad Social, Base Instituto Mexicano del Seguro Social. https://bit.ly/3xB0mE4

Consejo de Normas Internacionales de Contabilidad. (2016). Estado de Flujo de Efectivo. IFRS Fundation.

Cortés, R. E. (2020). Cómo Obtener el Máximo Beneficio para su Pensión. Trillas

CPEUM (1917). Constitución Política de los Estados Unidos Mexicanos. Publicada en el DOF el 5 de feb 1917. Última reforma publicada en el DOF 6 junio 2023. México https://www.diputados.gob.mx/LeyesBiblio/pdf/CPEUM.pdf

Ediciones Fiscales ISEF, S. A. (2022) Ley 2022 Seguro Social. ISEF Empresa líder.

El Nido de la Seguridad Social. (2020) Jurisprudencia 164/2019 Tope pensiones Vejez IMSS https://elnidodelseguro.com/tope-pensiones-imss-jurisprudencia/

García, G. M. (2014). Derecho a la Seguridad Social. México https://www.scielo.org.mx/scielo.php?script=sci_arttext&pid=S0185-16162014000200005

García, M. S (2018). La Sostenibilidad del Sistema de Pensiones a la Luz de la Constitución Política de los Estados Unidos Mexicanos. Tirant lo Blanch.

Gérard, A. y Corona, C.A. (2019). Ley del Seguro Social Comentada y tematizada con sus reglamentos y otros ordenamientos. GVG Grupo Gráfico.

Heraldo Radio. (2020). Entrevista al Diputado Alejandro Carbajal Hidalgo, sobre la propuesta de reforma artículo 218 LSS 1997.realizada el 2 de octubre 2020. https://www.youtube.com/watch?v=PlakT3cFBNk

Instituto Mexicano de Contadores Públicos (2017). Estudio Integral de las Pensiones que otorga el IMSS. DG Impresiones.

Instituto Mexicano del Seguro Social (2017) emitió acuerdo 25/2017, aplicación de la UMA en Cuotas Obrero Patronales https://basham.com.mx/imss-aplicacion-de-la-uma-en-cuotas-obrero-patronales/

Instituto Mexicano del Seguro Social (2020) Prestaciones y Fuentes de Financiamiento de los Regímenes de Aseguramiento del IMSS https://www.imss.gob.mx/sites/all/statics/pdf/informes/20192020/17-Anexos.pdf

Instituto Mexicano del Seguro Social (2022) Acercando el IMSS al ciudadano. https://www.imss.gob.mx/pr ensa/archivo/202201/030

Instituto Mexicano del Seguro Social (2022). Informe al Ejecutivo Federal y al Congreso de la Unión sobre la Situación Financiera y los Riesgos del IMSS 2021-2022. México http://www.imss.gob.mx/sites/all/statics/pdf/informes/20212022/19-informe-completo.pdf

Instituto Mexicano del Seguro Social (s.f.). l Pensiones que otorga el Instituto Mexicano Del Seguro Social http://datos.imss.gob.mx/.

Instituto Mexicano para la Competitividad en México (2021). El Camino Hacia Adelante para el Sistema de Ahorro para el Retiro en México. https://imco.org.mx/wp-content/uploads/2021/11/El-camino-para-el-sistema-de-ahorro-para-el-retiro-en-Me%CC%81xico_18112021.pdf

LDPAM (2002). Ley de los Derechos de las Personas Adultas Mayores. Publicado en el DOF el 25 junio 2002. Última reforma publicada en el DOF el 10 mayo 2022. México https://www.diputados.gob.mx/LeyesBiblio/pdf/LDPAM.pdfy

LISR (2021). Ley del Impuesto Sobre la Renta. Publicado en el DOF el 1ro. enero de 2002. Última reforma publicada en el DOF 12 noviembre de 2021. México. https://www.dof.gob.mx/nota_detalle.php?codigo=5635285&fecha=12/11/2021#gsc.tab=0

LSS (1943). Ley del Seguro Social. Publicado en el DOF el 19 de enero 1943. Última reforma publicada en el DOF el 12 de marzo de 1973. México. https://dof.gob.mx/nota_to_imagen_fs.php?cod_diario=194788&pagina=1&seccion=2

LSS (1973). Ley del Seguro Social. Publicado en el DOF el 12 de marzo 1973. Última reforma publicada en el DOF el 29 de diciembre de 1995. México. https://dof.gob.mx/nota_to_imagen_fs.php?codnota=4606014&fecha=12/03/1973&cod_diario=197813

LSS (1997). Ley del Seguro Social. Publicado en el DOF el 21 de diciembre 1995. Última reforma publicada en el DOF el 20 enero de 2023. México. https://www.imss.gob.mx/sites/all/statics/pdf/leyes/LSS.pdf

Martínez, M. (2022). El Método Etnográfico de Investigación. https://uis.edu.co/wp-content/uploads/2022/09/13_Investigacionetnografica.pdf

Mendizábal, B.G. (2013). La Seguridad Social en México. Porrúa.

Morales, E. (2014). Etnografía. *Diccionario de Lingüística.* http://www.ub.edu/diccionarilinguistica/print/6820

Morales, M. A. (2020). Comentarios a la Jurisprudencia 2ª /J.164/2019 tope 10 salarios mínimos a las Pensiones. Revista Latinoamericana de Derecho Social. Número 31. Julio-diciembre 2020. revistas.juridicas.unam.mx/index.php/derecho-social/article/view/14870

Organización de las Naciones Unidas (1966). El Pacto Internacional de Derechos Económicos, Sociales y Culturales. Fue adoptado por la Asamblea General de las Naciones Unidas el 16 de diciembre de 1966 y entro en vigor el 3 de enero de 1976, después que 35 Estados Partes la ratificaran. https://w Diww.senado.gob.mx/comisiones/desarrollo_social/docs/marco/Pacto_IDESC.pdf

Organización de las Naciones Unidas (1990) Declaraciones Internacionales de Derechos Humanos firmados por México. https://www.un.org/es/about-us/universal-declaration-of-human-rights

Organización de las Naciones Unidas. (2022). Declaraciones internacionales de Derechos Humanos Firmados por México. https://www.un.org/es/about-us/universal-declaration-of-human-rights

Pérez y Soto, A. y Calderón Y. A., (2012). El concepto de Seguridad Social: una aproximación a sus alcances y límites. http://revistas.ustabuca.edu.co/index.php/IUSTITIA/article/view/878

Rea, A. (2017). Gobiernos pos-revolucionarios. *México Real* https://mr.travelbymexico.com/1064-los-gobiernos-post-revolucionarios/

Reloj de población de México (2022). *Contry meters.* https://countrymeters.info/es/Mexico

Ruiz, Á. E. (2017). Bases Mínimas para una Seguridad Social Universal. Porrúa.

Ruiz, Á. G. (2013). Senado de la República del H. Congreso de la Unión Comisión de Seguridad Social. https://www.senado.gob.mx/comisiones/seguridad_social/docs/Mesa02_3.pdf

Ruiz, Á. G. (2017). Nuevo Derecho de la Seguridad Social. Porrúa.

Ruiz, Á. G. (2020). Las pensiones el gran desafío pendiente en México. Tirant lo Blanch.

S.C.J.N (2019). "Seguro Social. El salario promedio de las últimas 250 semanas de cotización, base para cuantificar las pensiones por invalidez, vejez y cesantía en edad avanzada, como tope límite superior el equivalente a 10 veces el Salario Mínimo General vigente en el Distrito Federal, acorde con el segundo párrafo del artículo 33 de la Ley relativa, vigente hasta el 30 de junio de 1997", Registro 29256 [J]; 2ª Sala; Gaceta S.J. F.; Libro 74, enero de 2020; Tomo I; Pág. 996, Derecho Laboral y Seguridad Social ; 2ª./J. 164/2019 (10ª.) https://vlex.com.mx/vid/840251551

Sistema de Información Legislativa de la Secretaria de Gobernación (s/f). Iniciativa de Reforma del artículo 218 L.S.S. 1997, a cargo del diputado Alejandro Carbajal Hidalgo, del grupo parlamentario de Moreno. http://sil.gobernacion.gob.mx/Archivos/Documentos/2020/09/asun_4080185_20200930_1601486132.pdf

STPS (2019). DECRETO de Lineamientos para la Operación del Programa Jóvenes Construyendo el Futuro. Publicada en el DOF 10 enero 2019. México. https://dof.gob.mx/nota_detalle.php?codigo=5547857&fecha=10/01/2019#gsc.tab=0

Uribe, E. (2022). Principios Constitucionales y de la Constitución. https://revistas.juridicas.unam.mx/index.php/derecho-comparado/article/view/3873/4858

Vasilachis de Gialdino, I. (Coord.). (2006) Estrategias de Investigación Cualitativa. 1ra. ed. Editorial. Gedisa, S. A.

Villalobos, J. A. (2021). Pensiones Ley 1973 y Modalidad 40. *MPRA* 3 junio 2021 https://mpra.ub.uni-muenchen.de/108127/1/MPRA_paper_108127.pdf

Villarreal, H. y Macias, A. (2020). Sistema de pensiones en México Institucionalidad gasto público y sustentabilidad financiera. CEPAL/ Unión Europea. https://repositorio.cepal.org/bitstream/handle/11362/45820/S2000382_es.pdf?sequence=1&isAllowed=y

Índice de figuras